Universidad
Externado
de Colombia

Centro de Investigación en Filosofía y Derecho

Universidad Externado de Colombia

Rector
Juan Carlos Henao

Secretaria General
Martha Hinestrosa Rey

COLECCIÓN DE ESTUDIOS
N.º 42

Kai Ambos

Catedrático de derecho penal, derecho procesal penal, derecho comparado y derecho penal internacional en la Universidad Georg-August, Gotinga, Alemania. Juez del Tribunal Provincial (Landgericht) de Gotinga

Traducción de
Ezequiel Malarino y
Carolina Aguilera Marinovic

¿Castigo sin soberano?
Ius puniendi y función del derecho penal internacional

Dos estudios para una teoría coherente
del derecho penal internacional

Universidad Externado de Colombia
Centro de Investigación en Filosofía y Derecho

AMBOS, Kai

¿Castigo sin soberano? Ius puniendi y función del derecho penal internacional. Dos estudios para una teoría coherente del derecho penal internacional / Kai Ambos; traducción de Ezequiel Malarino y Carolina Aguilera Marinovic. – Bogotá: Universidad Externado de Colombia. Centro de Investigación en Filosofía y Derecho, 2013.

98 p.; 21 cm. – (Colección de Estudios; 42)
Incluye citas y notas de pie de página.

ISBN: 978958710907 8

1. Derecho penal internacional 2. Derechos humanos 3. Protección de los derechos fundamentales 4. Crímenes en contra de la humanidad I. Malarino, Ezequiel, traductor II. Aguilera Marinovic, Carolina, traductora. III. Universidad Externado de Colombia. Centro de Investigación en Filosofía y Derecho IV. Título V. Serie.

341.49   SCDD 15

Catalogación en la fuente – Universidad Externado de Colombia. Biblioteca

Junio de 2013

ISBN 978-958-710-907-8

©   2013, KAI AMBOS
©   2013, EZEQUIEL MALARINO (trad.)
©   2013, CAROLINA AGUILERA MARINOVIC (trad.)
©   2013, UNIVERSIDAD EXTERNADO DE COLOMBIA
    Calle 12 n.º 1-17 Este, Bogotá
    Teléfono (57-1) 342 0288
    publicaciones@uexternado.edu.co
    www.uexternado.edu.co

Primera edición: julio de 2013

Diseño de cubierta: Departamento de Publicaciones
Composición: Marco Robayo

Contenido

¿Castigo sin soberano?
La cuestión del *ius puniendi*
en derecho penal internacional
Una primera contribución para una teoría coherente del derecho penal internacional[*] [**]

[*] Publicado originalmente en *Oxford Journal of Legal Studies*, 33, 2 (2013). Traducción del inglés. Corresponden al traductor las versiones en castellano de las citas en alemán contenidas en el original. En esos casos, luego del texto en alemán sigue la traducción castellana entre corchetes: [ ].

[**] El autor agradece al *Institute for Advanced Studies* ("IAS") de la Hebrew University de Jerusalén por el apoyo recibido durante su semestre sabático, en el invierno 2011/2012, como investigador (*Senior Research Fellow*), durante el cual fue elaborada la mayor parte de este trabajo. El trabajo ha sido presentado en diferentes foros, entre los que se destacan el seminario internacional del IAS del 21 y 22 de diciembre de 2011 y la conferencia de la sección alemana de la Internationale *Vereinigung für Rechts- und Sozialphilosophie* (*International Association for Philosophy of Law and Social Philosophy*) del 27 al 29 de septiembre 2012 en Münster, Alemania. Agradezco los comentarios y críticas de los participantes.

Resumen

El derecho penal internacional actual ("DPI") sufre de al menos cuatro defectos bastante graves. Primero, como punto de partida, el concepto y significado de DPI en sus diferentes variaciones debe ser clarificado ('la cuestión del concepto y significado'). Segundo, la cuestión de si y cómo puede existir el poder punitivo a nivel supranacional sin un soberano ('la cuestión del *ius puniendi*') debe ser respondida de manera satisfactoria. Tercero, la función o propósito global del DPI, en oposición al derecho penal nacional ('la cuestión de la función global'), debe ser explicada de manera más convincente. Cuarto, los fines de la pena en el DPI, en oposición a los fines tradicionales discutidos en el derecho penal nacional, deben ser elaborados ('la cuestión de los fines de la pena'). Hay una relación en parte vertical y en parte horizontal entre estas cuestiones. Por ejemplo, es imposible reflexionar sobre el *ius puniendi*, sobre la función global y sobre los fines de la pena sin haber clarificado primero el concepto de DPI. Además, un tratamiento de la función global y de los fines de la pena parece que tiene que basarse en la justificación del *ius puniendi*. En efecto, la falta de una respuesta satisfactoria a la cuestión del *ius puniendi* es, quizás, la debilidad teórica más importante del DPI actual. Por consiguiente, este trabajo pretende demostrar que el *ius puniendi* supranacional puede ser inferido de una combinación del incipiente carácter supranacional del orden mundial (entendido normativamente como un orden de valores) con el concepto de una sociedad mundial compuesta por ciudadanos mundiales, cuyo derecho –el 'derecho del ciudadano mundial' ('*Weltbürgerrecht*')– es derivado de derechos humanos universales, indivisibles y reconocidos interculturalmente, fundados en un concepto kantiano de dignidad humana. El orden internacional incipiente y la sociedad mundial son representados por la comunidad internacional (entendida como una comunidad de valores) que se convierte en el titular del *ius puniendi*.

I. Prólogo. Objetivos nobles y expectativas altas

Los objetivos del DPI son nobles y las expectativas altas. El preámbulo del Estatuto de Roma para la Corte Penal Internacional ('CPI'), el documento fundacional de la Corte, establece que "los crímenes más graves de trascendencia para la comunidad internacional en su conjunto[1] no deben quedar sin castigo y que, a tal fin, hay que adoptar medidas (…) para asegurar que sean efectivamente sometidos a la acción de la justicia". Reconoce que "esos graves crímenes constituyen una amenaza para la paz, la seguridad y el bienestar de la humanidad" y expresa su determinación para "poner fin a la impunidad de los autores de esos crímenes y contribuir así a la prevención de nuevos crímenes".

Por lo tanto, es claro que la misión del DPI y de su primera corte mundial permanente es doble: consiste en un *aspecto individual y otro colectivo*. En el nivel individual, el DPI está destinado a proteger derechos humanos fundamentales a través de perseguir y castigar crímenes internacionales que violan esos derechos; en el nivel colectivo, aspira a contribuir a la "paz, la seguridad y el bienestar de la humanidad" a través de la efectiva persecución de crímenes internacionales que amenazan esos valores. Sin embargo, desde el efectivo establecimiento de la Corte en 2003[2] ha resultado evidente cuán difícil es cumplir esa misión. No sorprende, entonces, que algunos autores adviertan acerca de las

---

[1] Véase también el art. 5 (1) del Estatuto de la CPI.

[2] El Estatuto de la CPI fue aprobado el 17 de julio de 1998 en Roma y entró en vigor el 1º de julio de 2002; sin embargo, la Corte empezó funcionar solamente en la primavera de 2003 con la elección de su primer Fiscal Jefe, sus primeros 18 jueces y el jefe de la Secretaría.

expectativas demasiado altas, en particular en relación con la tarea de la cpi de mantener la seguridad y la paz colectivas, que
va más allá de la función clásica de un tribunal penal, esto es, de
castigar a los responsables.[3] Además, los autores son cada vez
más conscientes de los defectos teóricos del proyecto del dpi.[4]
Estos defectos pueden ser agrupados en torno a las cuestiones
arriba descritas en el resumen. Después de clarificar la 'cuestión
del concepto y significado', quiero centrarme aquí en la 'cuestión
del *ius puniendi'*. De este modo, quiero preparar el terreno para
un tratamiento posterior, en otro trabajo, de la 'cuestión de la
función global'. En ese trabajo también trataré, como corolario,
la 'cuestión de los fines de la pena'.[5]

---

[3] Véase en particular Damaška, M., "What is the Point of International Criminal Justice?",
Chicago-Kent Law Review, 83 (2008), pp. 329-365 (331 ss.) exigiendo bajar las expectativas
(340 ss.); también id., "The International Criminal Court between Aspiration and Achie-
vement", ucla *Journal of International Law and Foreign Affairs*, 14 (2009), pp. 19-35 (19 ss.),
identificando una "brecha" entre "aspiraciones y realización", dado que la cpi no puede
cumplir las expectativas autoimpuestas y esto, en definitiva, socava su legitimidad. Críticamente en cuanto a la "función de seguridad" que convierte a la cpi en "dos cortes en
una" Fletcher, G. y Ohlin, J.D., "The icc – Two Courts in One?", *Journal of International
Criminal Justice* ("jicj"), 4 (2006), pp. 428-433; crítico de las expectativas solo en parte realistas de los tribunales penales internacionales Diggelmann, O., "Staatsverbrechen und
internationale Justiz", *Archiv des Völkerrechts* ("avr"), 45 (2007), pp. 382-399 (383 ss., 399).
Sobre el balance mixto de la cpi véase Ambos, K., *El Mundo*, Madrid, 15.8.2012, p. 13 y
<http://www.semana.com/opinion/corte-penal-internacional-balance-mixto-su-decimo-
aniversario/181798-3.aspx>, 31 de julio de 2012 (15 de octubre de 2012).

[4] Para una crítica general véase Stuckenberg, C.F., "Völkerrecht und Staatsverbrechen",
en Menzel, J., Pierlings, T. y Hoffmann, J. (eds.), *Völkerrechtsprechung*, Mohr Siebeck,
Tubinga, 2005, pp. 768-773 (772).

[5] Para un tratamiento anterior, aunque no concluyente, véase Ambos, K., "On the Ratio-
nale of Punishment at the Domestic and International Level", en Henzelin, M. y Roth, R.
(eds.), *Le droit pénal à l'épreuve de l'internationalisation*, lgdj et al., París, 2002, pp. 309-323
(312-323).

II. La cuestión del concepto y significado

En su trabajo seminal sobre el DPI, Georg Schwarzenberger identificó seis significados del concepto refiriéndose a diferentes tipos de crímenes de o bajo el DPI.[6] Sus grupos segundo, tercero y cuarto,[7] que tratan, todos, de crímenes implementados en el derecho nacional en cumplimiento de tratados internacionales o principios generalmente reconocidos,[8] se fusionan fácilmente en un grupo que hoy llamaríamos crímenes 'internacionales' o 'transnacionales basados en tratados'. Nos quedamos entonces con cuatro significados de DPI, magistralmente resumidos por Claus Kreß como sigue:[9]

- DPI como derecho que regula la jurisdicción penal obligatoria de los Estados
- DPI como derecho de la cooperación internacional en materia penal
- DPI como derecho penal transnacional
- DPI como derecho penal internacional (supranacional) *stricto sensu*

Las primeras dos categorías no tienen interés aquí, porque ellas conciernen al derecho nacional relativo al alcance (ex-

---

[6] Schwarzenberger, G., "The Problem of an International Criminal Law", *Current Legal Problems*, 3 (1950), pp. 263-296 (264-274).

[7] Ibid., pp. 266-271: DPI "en el sentido de derecho penal municipal ordenado a nivel internacional", "derecho penal municipal autorizado internacionalmente" y "derecho penal municipal común a las naciones civilizadas".

[8] Esto se aplica al cuarto grupo en tanto incluye "principios de derecho penal municipal que los Estados civilizados comparten *de facto* o consideran oportuno asimilar a estándares comunes por medio de convenciones internacionales o por legislación municipal correspondiente" (*ibid.*, p. 271).

[9] Cf. Kreß, C., "International Criminal Law", en Wolfrum, R. (ed.), *The Max Planck Encyclopedia of Public International Law*, Oxford University Press, Oxford *et seq.*, 2008, edición electrónica, disponible en <www.mpepil.com> (15 de octubre de 2012), párr. 1-14.

tra)territorial del derecho penal doméstico de un Estado
(*'Strafanwendungsrecht'*)[10] y a la asistencia judicial mutua entre
Estados en materia penal.[11] El tercer grupo tiene solo un interés
indirecto, en tanto que a veces no es claro dónde trazar el límite
entre este grupo y los crímenes internacionales/supranacionales
nucleares o 'verdaderos'. La reciente decisión sobre terrorismo
del Tribunal Especial para el Líbano es un buen ejemplo.[12] En
todo caso, la doctrina actual de DPI acepta la distinción entre crímenes transnacionales/basados en tratados y crímenes internacionales 'verdaderos'.[13] Ejemplos de estos últimos son los críme-

---

[10] SCHWARZENBERGER, G., *supra* nota 6, pp. 264-266; Kreß, C., *supra* nota 9, párr. 2-3; véase también AMBOS, K., *Internationales Strafrecht*, 3ª. ed., BECK, Múnich, 2011, Part I (§§ 1-4).

[11] SCHWARZENBERGER, G., *supra* nota 6, pp. 271-272; KREß, C., *supra* nota 9, párr. 4-5.

[12] Sala de Apelaciones, *Interlocutory Decision on the Applicable Law: Terrorism, Conspiracy, Homicide, Perpetration, Cumulative Charging*, STL-11-01/I, 16 de febrero de 2011. Para una reseña crítica de la decisión véase AMBOS, K., "Judicial Creativity at the Special Tribunal for Lebanon: Is there a Crime of Terrorism under International Law?", *Leiden Journal of International Law* ("LJIL"), 24 (2011), pp. 655-675 (existe traducción castellana de EZEQUIEL MALARINO: "Creatividad judicial en el Tribunal Especial para el Líbano: ¿es el terrorismo un crimen internacional", en *Revista Penal y Criminología*, 7 [enero, 2012]); aún más crítico SAUL, B., "Legislating from a Radical Hague: The United Nations Special Tribunal for Lebanon Invents an International Crime of Transnational Terrorism", LJIL, 24 (2011), pp. 677-700; Kirsch, S. y Oehmichen, A., "Judges gone astray - The fabrication of terrorism as an international crime by the special Tribunal for Lebanon", *Durham Law Review*, 1 (2011), pp. 32-55.

[13] KREß, C., *supra* nota 9, párr. 6-14 (DPI transnacional y supranacional *stricto sensu*); CRYER, R. y WILMSHURST, E., "Introduction", en *An Introduction to International Criminal Law and Procedure*, 2ª. ed., Cambridge University Press, Cambridge, 2010, pp. 1-16 (4-5) (crímenes transnacionales e internacionales); GAETA, P., "International Criminalization of Prohibited Conduct", en CASSESE, A. (ed.), *The Oxford Companion to International Criminal Justice*, Oxford University Press, Oxford, 2009, pp. 63-74 (69) (crímenes internacionales verdaderos y crímenes basados en tratados); LUBAN, D., "Fairness to Rightness: Jurisdiction, Legality, and the Legitimacy of International Criminal Law", en BESSON, S. y TASIOULAS, J. (eds.), *The Philosophy of International Law*, Oxford University Press, Oxford, 2010, pp. 569-588 (572) (DPI transnacional basado en tratados y DPI puro); Milanović, M.,"Is the Rome Statute BINDING on Individuals? (And why we Should Care)", JICJ, 9 (2011), pp. 25-52 (28 y nota al pie 7). Véase también AMBOS, K., *supra* nota 10, § 7, número marginal ('nm.') 117, y cfr. con 275. BASSIOUNI, CH., *Introduction to International Criminal Law*, NY, Transnat. Publ., Ardsley, 2003, pp. 114-115, enumera 28 categorías diferentes de crímenes

nes nucleares de los artículos 5-8 del Estatuto de la CPI,[14] mientras que los crímenes basados en tratados son esencialmente crímenes transnacionales objeto de las, así llamadas, convenciones para la represión,[15] tales como la Convención contra la Tortura,[16] la Convención sobre Bombas Terroristas,[17] o las convenciones sobre estupefacientes de la ONU.[18]

internacionales y las divide en grupos adicionales ("crímenes internacionales", "delitos internacionales", "infracciones internacionales"). Sobre el DPI en sentido restringido y amplio véase también Schröder, M., "Verantwortlichkeit, Völkerstrafrecht, Streitbeilegung und Sanktionen", en Vitzthum, W. (ed.), *Völkerrecht*, 5ª. ed., de Gruyter, Berlín, 2010, pp. 579-638 (579-580); Stuckenberg, C.F., *supra* nota 4, pp. 2-4; Pastor, D., *El poder penal internacional*, Atelier, Barcelona, 2006, p. 80 ss.

[14] Véase Ambos, K., *supra* nota 10, § 5, nm. 3, § 7, nm. 117; Werle, G., *Principles of International Criminal Law*, TMC Asser Press, La Haya, 2009, p. 29; Kreß, C., *supra* nota 9, párr. 15; Cryer, R. y Wilmshurst, E., *supra* nota 13, p. 4; Gaeta, P., *supra* nota 13, p. 66 ss.; Cassese, A., *International Criminal Law*, 2ª. ed., Oxford University Press, Oxford, 2011, p. 12, extiende esta lista a la tortura y a "algunas formas extremas de terrorismo internacional". Kolb, R., *Droit international pénal*, Helbing Lichtenhahn *et al.*, Basilea *et al.*, 2008, pp. 68-69, reconoce, además de los crímenes nucleares de competencia de la CPI, "crímenes internacionales" en razón de su "*nature intrinsèque*" [naturaleza intrínseca] y distingue entre crímenes públicos (estatales) y privados (ordinarios); sin embargo, no proporciona criterios para la delimitación de los crímenes transnacionales.

[15] Para un interesante análisis del que supuestamente fue el primer tratado para la prevención, el tratado bilateral británico-americano contra la piratería de 1794, conocido como tratado Jay, y de la posterior convención de cables submarinos de 1884, véase Clark, R., "Some Aspects of the Concept of ICL: Suppression Conventions, Jurisdiction, Submarine Cables and *The Lotus*", *Criminal Law Forum* ("CLF"), 22 (diciembre, 2011), pp. 519-530 (523-528). Para una reciente crítica del principio *aut dedere aut iudicare* previsto en estas convenciones véase Boister, N., "International Tribunals for Transnational Crimes: Towards a Transnational Criminal Court?", CLF 23 (diciembre, 2012), pp. 295-318 (300-302).

[16] *Convención contra la Tortura y Otros Tratos o Penas Crueles, Inhumanos o Degradantes*, GA Res. 39/46 del 10 de diciembre de 1984, 1465 UNTS 85 ("Convención contra la Tortura").

[17] *Convenio Internacional para la Represión de Atentados Terroristas Cometidos con Bombas*, UN Doc. A/RES/52/164, 15 de diciembre de 1997, 2149 UNTS 256 ("Convenio contra Ataques Terroristas con Bombas").

[18] *Convención Única sobre Estupefacientes*, del 30 de marzo de 1961, 250 UNTS 151 ("Convención Única"); *Convención de las Naciones Unidas contra el Tráfico Ilícito de Estupefacientes y Sustancias Psicotrópicas*, del 20 de diciembre de 1988, 1582 UNTS 95 ("Convención de Viena sobre Estupefacientes").

El DPI *stricto sensu* ('*Droit pénal international*', '*Derecho penal internacional*', '*Diritto penale internazionale*', '*Völkerstrafrecht*'),[19] que es el que aquí interesa, no se limita, por supuesto, a los tipos de crímenes arriba mencionados. Más bien, comprende, para citar una muy aceptada definición de OTTO TRIFFTERER, "la totalidad de normas de derecho internacional de naturaleza penal que conectan consecuencias jurídicas típicas de derecho penal a una conducta decisiva –a saber, el crimen internacional– y como tal pueden ser aplicadas directamente."[20] Si se acepta esta definición, el DPI consiste en su núcleo en una combinación de principios de

---

[19] Sobre la terminología, a veces ambigua, véase desde la perspectiva alemana –donde tradicionalmente era utilizado el término "*Internationales Strafrecht*", usado por primera vez por ERNST BELING, que es más amplio que el hoy utilizado "*Völkerstrafrecht*" [N. del T.: ambos términos se traducen en castellano como "derecho penal internacional"]– GARDOCKI, L., "Über den Begriff des Internationalen Strafrechts", *Zeitschrift für die gesamte Strafrechtswissenschaft* ("*ZStW*"), 98 (1986), pp. 703-719; JESCHECK, H.-H. y WEIGEND, T., *Lehrbuch des Strafrechts - Allgemeiner Teil*, 5ª. ed., Duncker & Humblot, Berlín, 1996, p. 119; NEUBACHER, F., *Kriminologische Grundlagen einer internationalen Strafgerichtsbarkeit*, MOHR SIEBECK, Tubinga, 2005, pp. 31 ss. Desde la perspectiva angloamericana CRYER, R. y WILMSHURST, E., *supra* nota 13, pp. 3-5. Desde la perspectiva del mundo hispanohablante PASTOR, D., *supra* nota 13, pp. 28-33.

[20] TRIFFTERER, O., *Dogmatische Untersuchungen zur Entwicklung des materiellen Völkerstrafrechts seit Nürnberg*, ALBERT, FRIBURGO en Brisgovia, 1966, p. 34 ("*Völkerstrafrecht im formellen Sinne* (...) *die Gesamtheit aller völkerrechtlichen Normen strafrechtlicher Natur, die an ein bestimmtes Verhalten – das internationale Verbrechen – bestimmte, typischerweise dem Strafrecht vorbehaltene Rechtsfolgen knüpfen, und die als solche unmittelbar anwendbar sind*"; ["derecho penal internacional en sentido formal (...) el conjunto de todas las normas de derecho internacional de naturaleza jurídico-penal que conectan a una conducta determinada –el crimen internacional– ciertas consecuencias jurídicas reservadas típicamente al derecho penal, y que como tales son directamente aplicables"]). Véase también CASSESE, A., *supra* nota 14, pp. 11-14, y SAFFERLING, C., *Internationales Strafrecht*, Springer, Heidelberg, 2011, p. 38; un resumen en JESSE, B., *Der Verbrechensbegriff des Römischen Statuts*, Duncker & Humblot, Berlín, 2009, pp. 58 ss. Para una definición demasiado amplia e imprecisa ("una cantidad de obligaciones con impacto sobre el derecho penal"), que ignora la dimensión de la responsabilidad penal individual, GREENAWALT, A.K., "The Pluralism of International Criminal Law", *Indiana Law Journal*, 86 (2011), pp. 1063-1130 (1071).

derecho penal y de derecho internacional público.[21] La idea de responsabilidad penal individual y la consiguiente persecución de individuos por conductas (macro-criminales)[22] específicas es derivada del derecho penal, mientras los crímenes clásicos (de Núremberg)[23] forman parte del derecho internacional (público) y, por lo tanto, la conducta respectiva es punible directamente bajo el DPI (principio de la responsabilidad penal individual directa en derecho internacional público).[24] Esta fuerte base en el derecho penal, junto con su actual aplicación por parte de tribunales *penales* internacionales y la CPI, convierte al DPI en derecho penal a nivel supranacional, lo cual comprende plenamente los

---

[21] Cfr. van Sliedregt, E., *The Criminal Responsibility of Individuals for Violations of International Humanitarian Law*, TMC Asser Press, La Haya, 2003, p. 4 ("encuentro de dos mundos"); id., *Individual Criminal Responsibility in International Law*, 2012, 8; también Höpfel, F. y Angermaier, C., "Adjudicating International Crimes", en Reichel, P. (ed.), *Handbook of Transnational Crime and Justice*, Sage Publications, Thousand Oaks *et al.*, 2005, pp. 310-345 (310); Stuckenberg, C.F., *Vorstudien zu Vorsatz und Irrtum im Völkerstrafrecht: Versuch einer Elementarlehre für eine übernationale Vorsatzdogmatik*, de Gruyter, Berlín, 2007, p. 2; Zahar, A. y Sluiter, G., *International Criminal Law*, Oxford University Press, Oxford, 2008, p. X; Cryer, R. y Wilmshurst, E., *supra* nota 13, p. 16 ("dos cuerpos de derecho"); Borsari, R., *Diritto punitivo sovranazionale come sistema*, Cedam, Padua, 2007, p. 88; Kindt, A., *Menschenrechte und Souveränität*, Duncker & Humblot, Berlín, 2009, pp. 51-52. Sobre los componentes del DPI véase Bassiouni, Ch., *supra* nota 13, pp. 1-8, quien habla de un sistema *sui generis* (*ibid.*, 53).

[22] Sobre la macrocriminalidad motivada políticamente ya como objeto del DPI véase Ambos, K., *Der Allgemeine Teil des Völkerstrafrechts*, 2ª. ed., Duncker & Humblot, Berlin, 2004, p. 50 ss. (existe trad. castellana de Ezequiel Malarino: *La parte general del derecho penal internacional. Bases para una elaboración dogmática* [KAS, Montevideo, 2005, y Temis, Bogotá, 2005]); más recientemente, véase Neubacher, F., *supra* nota 19, pp. 18, 24, 30, 240-243, 479; Borsari, R., *supra* nota 21, pp. 442-444.

[23] Cfr. el art. 6 de la Carta del Tribunal Militar Internacional (*Agreement for the Prosecution and Punishment of the Major War Criminals of the European Axis, and Charter of the International Military Tribunal*, 82 UNTS 279, 8 de agosto de 1945): crímenes contra la paz, crímenes de guerra y crímenes contra la humanidad.

[24] Véase en general Dahm, G., *Zur Problematik des Völkerstrafrechts*, Vandenhoeck & Ruprecht, Gotinga, 1956, pp. 14-17; más recientemente Werle, G., "Die Zukunft des Völkerstrafrechts", en Grundmann, S. *et al.*, *Festschrift 200 Jahre Juristische Fakultät der Humboldt-Universität zu Berlin*, de Gruyter, Berlín, 2010, pp. 1219-1239 (1225); Jesse, B., *supra* nota 20, p. 57.

bien conocidos principios de un sistema de justicia penal liberal, en particular los principios de legalidad, culpabilidad y debido proceso.[25] La institucionalización del DPI con el establecimiento de la CPI supone la creación de un sistema penal único de la comunidad internacional[26] –entendida como un muy importante grupo de Estados vinculados por valores comunes[27]–, que se extiende más allá de áreas nucleares de derecho sustantivo y

---

[25] Este punto de vista está ganando cada vez más terreno en la literatura internacional: véase Robinson, D., "The Identity Crisis of International Criminal Law", *LJIL*, 21 (2008), pp. 925-963 (925-926 y 961-962), quien habla de un "sistema liberal de justicia penal" (aunque advierte sobre las tendencias iliberales del DPI derivadas de un discurso orientado a las víctimas y los derechos humanos, pp. 927 ss.); Sander, B., "Unravelling the Confusion Concerning Successor Superior Responsibility in the ICTY Jurisprudence", *LJIL*, 23 (2010), pp. 105-135 (125 ss.) exigiendo el respeto de los principios de derecho penal, en particular el principio de culpabilidad.

[26] Triffterer, O., "Universeller Menschenrechtsschutz auch durch das Völkerstrafrecht?", en *Politische Studien, Die universale Geltung der Menschenrechte*, Sonderheft 1/1995, pp. 32-55 (38); véase también Zahar, A. y Sluiter, G., *supra* nota 21, p. VII ("derecho penal de la comunidad internacional"); Jescheck, H.-H., "Schlußworte", en Sieber U. y Albrecht, H.-J. (eds.), *Strafrecht und Kriminologie unter einem Dach*, Duncker & Humblot, Berlín, 2006, pp. 152-160 (160) (*"das allgemeine, gleiche Völkerstrafrecht und die internationale Strafgerichtsbarkeit als Kontrollsystem..."* ["el mismo derecho penal internacional general y la jurisdicción penal internacional como sistema de control..."]); Reuss, V., *Zivilcourage als Strafzweck des Völkerstrafrechts*, Lit, Berlín, 2012, pp. 54-55.

[27] Sigo aquí la distinción de Paulus entre comunidad internacional y sociedad internacional: "El término 'comunidad internacional' es usado, a veces, de manera intercambiable con el término 'sociedad internacional'. Como una investigación más exhaustiva ha mostrado, el uso está lejos de ser uniforme. Sin embargo, es posible decir –con la necesaria cautela– que una comunidad añade un elemento normativo, un mínimo de cohesión subjetiva, al vínculo social entre sus miembros. Mientras 'sociedad' enfatiza las interconexiones e interrelaciones fácticas, 'comunidad' mira a los valores, las creencias y los sentimientos subjetivos" (Paulus, A., "International Law and International Community", en Armstrong, D. [ed.], *Handbook of International Law*, Routledge, Londres *et al.*, 2009, pp. 44-54 (45) [referencias omitidas]; para un estudio más profundo Paulus, A., *Die Internationale Gemeinschaft im Völkerrecht*, Beck, Múnich, 2001). Un concepto liberal de comunidad internacional descansa sobre derechos humanos universales como valores compartidos (*ibid.*, pp. 45 y 48). Para una posición similar basada en valores Fisher, K.J., *Moral Accountability and International Criminal Law*, Routledge, Londres *et al.*, 2012, pp. 5-6 (haciendo referencia a los valores liberales comunes, pero también a las amenazas comunes). Críticamente sobre el concepto en tanto privilegia a los poderosos Estados (occidentales) Koskenniemi, M., "Between Impunity and Show Trials", *Max Planck Year-*

procesal hacia otros ámbitos del derecho penal (derecho de las sanciones; ejecución de sentencias, asistencia judicial, etc.). Este nuevo sistema penal, sin embargo, representa solo un elemento –el supranacional– del nuevo 'sistema de justicia penal internacional'[28] que, a su vez, puede ser concebido como un instrumento de *global governance* por medio de legalización y formalización.[29]

III. La cuestión del *IUS PUNIENDI*: hacia una justificación basada en valores colectivo-individualistas

El DPI carece de un poder punitivo (supranacional) consolidado por propio derecho; en palabras de algunos críticos recientes, es un "sistema penal sin Estado" y, por lo tanto, "sin un soberano".[30] ¿Significa esto que el DPI también carece de poder y legitimidad para hacer uso del derecho penal e imponer penas sobre individuos? Esto es, ¿carece de un *ius puniendi* por propio derecho? La respuesta final es 'no', pero tenemos que superar algunos obstáculos para llegar allí.

---

book of United Nations Law, 6 (2002), pp. 1-35 (10); en parte concordantemente Fisher, K.J., ibid., pp. 60-61.

[28] Se trata de un sistema de tres niveles que da prioridad al Estado territorial y al Estado del sospechoso (primer nivel) y subsidiariamente asigna competencia a la CPI (segundo nivel) y a terceros Estados con base en la jurisdicción universal (tercer nivel); véase Ambos, K., *supra* nota 10, § 5, nm. 2 con referencias adicionales en la nota al pie 17.

[29] Véase para un análisis profundo Burchard, Ch., "Völkerstrafrecht als global governance", *Die Friedens-Warte*, 83 (2008), p. 73 (sosteniendo que el DPI es "Regieren bzw. Steuern jenseits des Nationalstaats" ["gobierno o bien dirección más allá del Estado-Nación"] y así sirve para evaluar y corregir problemas y eventualmente sancionar a un gobierno por incumplimiento, p. 74).

[30] Cfr. Gless, S., "Strafe ohne Souverän?", *Schweizer Zeitschrift für Strafrecht*, 125 (2007), pp. 24-43 (34), quien habla de "punición sin un sobreano"; en el mismo sentido Dubber, M., "Common Civility - The Culture of Alegality in ICL", *LJIL*, 24 (2011), pp. 923-936 (928) ("régimen penal sin un Estado, y de manera más general sin un soberano"); críticamente en cuanto al déficit democrático y del Estado de derecho Pastor, D., *supra* nota 13, pp. 99 ss.

A. dpi y la defensa normativa de un incipiente orden internacional

La comunidad internacional se encuentra hoy donde el Estado-Nación se encontraba cuando nació: encargada de la construcción y consolidación de un monopolio de poder, esto es, en el mejor de los casos, en el estadio de un orden incipiente similar a un Estado. Por supuesto, los Estados-Nación, como sujetos clásicos del derecho internacional, son llamados a aplicar no solamente sus derechos penales domésticos, sino también el derecho penal internacional.[31] Ellos pueden delegar este poder en una corte penal internacional por medio de un tratado (cpi)[32] o de una resolución del Consejo de Seguridad de acuerdo al capítulo vii de la Carta de la onu (tpiy, tpir);[33] aunque esto no implica automáticamente

---

[31] Esto también está reflejado en los tratados pertinentes de dpi que regularmente no contienen disposiciones directamente aplicables, sino que requieren que los Estados implementen disposiciones punitivas. Para un ejemplo clásico de la implementación descentralizada de obligaciones de dpi de castigar, véanse los arts. v y vi de la Convención para la Prevención y la Sanción del Crimen de Genocidio, de 9 de diciembre de 1948, 78 unts, 277 ("Convención contra el Genocidio").

[32] Con respecto a la cpi, véase Cryer, R., "International Criminal Law vs. State Sovereignty: Another Round?", *European Journal of International Law* ("*ejil*"), 16 (2005), pp. 979-1000 (985-986); Melandri, M., "The Relationship between State Sovereignty and the Enforcement of International Criminal Law under the Rome Statute (1998): A Complex Interplay", *International Criminal Law Review*, 9 (2009), pp. 531-545 (534, 536, 542-543, 544-545) (soberanía a través de la cpi); Milanovic, *supra* nota 13, pp. 45-47 (quien sostiene que los Estados pueden imponer directamente obligaciones sobre individuos a través de tratados, pero que no siempre quieren hacerlo). Con respeto a una Corte Penal Transnacional recientemente Boister, *supra* nota 15, pp. 312-314.

[33] "Decision on the Defence Motion for Interlocutory Appeal on Jurisdiction", *Prosecutor v. Dusko Tadic* (IT-94-1), 2 de octubre de 1995, §§ 26-48; "Decision on the Defence Motion on Jurisdiction", *Prosecutor v. Joseph Kanyabashi* (ictr-96-15-T), 18 de junio de 1997, §§ 17-29. De la amplia literatura, véase, por ej., de Wet, E., *The Chapter vii Powers of the United Nations Security Council*, Hart Publishing, Oxford, 2004, pp. 340-342; Schabas, W.A., *The UN Criminal Tribunals: The Former Yugoslavia, Rwanda and Sierra Leone*, Cambridge University Press, Cambridge, 2006, pp. 47-53; Patel King, F., "Sensible Scrutiny: The Yugoslavia Tribunal's Development of Limits on the Security Council's Powers under Chapter vii of the Charter", *Emory International Law Review*, 10 (1996), pp. 509-591; Schweigman,

la creación de un nuevo poder soberano supranacional.[34] Además, según el régimen jurídico especial de ocupación, la potencia ocupante tiene el derecho de establecer tribunales penales, como se hizo en Núremberg, Tokio o Irak.[35] Sin embargo, los poderes de delegación del Estado ofrecen solo una explicación *formal* del *ius puniendi* supranacional; ellos no proveen razones *normativas* que justificarían tal autoridad supranacional *por derecho propio*.[36]

Una aproximación normativa debe hacerse cargo de aquellas teorías para las cuales el uso del derecho penal supone la existencia de un orden jurídico similar a un Estado, digno de ser defendido por un derecho penal (supranacional). En nuestros tiempos, el argumento fue hecho con gran fuerza por el teórico del dere-

---

D., *The Authority of the Security Council under Chapter VII of the UN Charter*, Kluwer Law International, La Haya *et al.*, 2001, pp. 108-111 y 131-136; críticamente DAVIS, J.,"The International Criminal Tribunal for the Former Yugoslavia was Established Illegally – but it was the Right Thing to Do... So who Cares?", *North Carolina Journal of International Law and Commercial Regulation*, 28 (2002), pp. 395-419 (403 ss.); críticamente sobre la autoridad legislativa del Consejo de Seguridad FREMUTH, M. y GRIEBEL, J., "On the Security Council as a Legislator: A Blessing or a Curse for the International Community?", *Nordic Journal International Law*, 76 (2007), pp. 339-361.

[34] Más bien, los Estados delegantes siempre siguen con el control de este proceso: cfr. MEYER, F., *Strafrechtsgenese in internationalen Organisationen*, Nomos, Baden-Baden, 2012, pp. 650-1.

[35] Cfr. el art. 66 de la Cuarta Convención de Ginebra de 1949, disponible en <http://www.icrc.org/ihl.nsf/full/380> (15 de octubre de 2012). Véase, en general, también SCHWARZENBERGER, G., *supra* nota 6, pp. 289-291; DINSTEIN, Y., *The International Law of Belligerent Occupation*, Cambridge University Press, Cambridge, 2009, p. 46. Sobre el juicio de Tokio recientemente HISAKAZU, F., "The Tokyo Trial: Humanity's Justice v. Victors' Justice", en TANAKA, Y., McCORMACK, T. y SIMPSON, G. (eds.), *Beyond Victor's Justice? The Tokyo War Crimes Trial Revisited*, Martinus Nijhoff Publishers, Leiden, 2011, pp. 3-21 (5-6).

[36] La misma dicotomía formal-material existe con respecto al derecho penal europeo: aunque es posible argumentar que con la mejorada posición del Parlamento Europeo como legislador según el Tratado de Lisboa ya no hay un déficit de democraticidad del derecho (penal) europeo, la legitimidad normativa de dicho derecho supranacional sigue siendo controvertida (véase recientemente Mylonopoulos, C., "Strafrechtsdogmatik in Europa nach dem Vertrag von Lissabon – Zur materiellen Legitimation des Europäischen Strafrechts", *ZStW*, 123 (2011), pp. 633-650 (636-637).

cho alemán GÜNTHER JAKOBS.[37] Su argumento dice así: La pena supone un orden normativo existente, esto es, un orden donde las normas son reconocidas por la sociedad en su conjunto y determinan los contenidos de la comunicación social.[38] Si tal orden está ausente o, como en el nivel internacional, solo existe en un estadio incipiente, los actos humanos violentos no son dirigidos contra normas reales, sino que solo son la expresión de la fuerza bruta de un individuo o grupo de individuos poderosos contra víctimas impotentes. Estas podrían levantarse contra el déspota, incluso asesinarlo, pero tales reacciones no tienen nada que ver con una pena en sentido ordinario, incluso si son impuestas por una corte penal internacional. Hablar de una pena cuando no entra en consideración la destrucción de un orden (normativo) existente, sino que tal orden está, en el mejor de los casos, aún en formación, significa ignorar la libertad de los individuos,

---

[37] JAKOBS, G., *Norm, Person, Gesellschaft*, 3ª. ed., Duncker & Humblot, Berlín, 2008, p. 118 (*"zerstören die Taten keine Wirklichkeit der Normen"* ["los hechos no destruyen la realidad de las normas"], *"schlicht Gewaltunternehmungen eines mächtigen Individuums gegen ohnmächtige Opfer"* ["simple uso de la violencia de un individuo poderoso contra una víctima impotente"]; hablar de derecho penal en este contexto *"verkennt die Freiheit der nicht durch eine wirkliche Ordnung gebundenen Individuen"* ["desconoce la libertad del individuo no sujeto a un ordenamiento real"]). Véase también JAKOBS, G., "Das Selbstverständnis der Strafrechtswissenschaft vor den Herausforderungen der Gegenwart", en ESER, A., HASSEMER, W. y BURKHARDT, B. (eds.), *Die deutsche Strafrechtswissenschaft vor der Jahrtausendwende. Rückbesinnung und Ausblick*, BECK, Múnich, 2000, pp. 47-56 (54-56) (55: *"Es mag gute Gründe dafür geben, einen anderen in einen Rechtszustand zu zwingen, aber bevor das geschehen ist, fehlt eben der Rechtszustand. Strafrecht vor einem funktionierenden Gewaltmonopol ist ein bloßer Name, kein Begriff"* ["Puede haber buenas razones para forzar a otro en un estado jurídico, pero antes de que esto suceda, falta precisamente el estado jurídico. El *derecho penal* antes de un monopolio de la violencia que funciona es meramente un nombre, ningún concepto"]). Véase también el temprano trabajo de JAKOBS, G., "Untaten des Staates – Unrecht im Staat", *Goltdammer's Archiv für Strafrecht* ("*GA*"), 141 (1994), pp. 1-19 (13) (*"Ohne staatliche Gewalt gibt es kein staatliches Recht"* ["Sin violencia estatal no hay derecho estatal"]).

[38] JAKOBS, G., "Strafrechtliche Zurechnung und die Bedingungen der Normgeltung", en NEUMANN, U. y SCHULZ, L. (eds.), *Verantwortung in Recht und Moral*. ARSP-*Beiheft 74*, FRANZ STEINER, Stuttgart, 2000, pp. 57-72 (58-59); id., *supra* nota 37 ("Das Selbstverständnis..."), p. 49.

sean los autores o las víctimas, que desde un comienzo no están sujetos a ningún orden. Esto confunde "pena en el Estado" con "pena en el estado de naturaleza", "*derecho* penal" con "mera *fuerza* punitiva", "pena por medio del derecho" con "pena por medio de la fuerza".[39]

La línea argumental de JAKOBS es irrefutable si se está dispuesto a compartir su premisa fundamental, esto es, que la existencia del derecho y de todo orden jurídico supone la existencia de un Estado con el monopolio de poder respectivo. Esto, por supuesto, se corresponde con la vieja concepción hobbesiana según la cual el 'derecho' no puede existir sin el Estado como Leviatán que crea este derecho y se asegura de que sea cumplido y así reconocido como 'derecho'.[40] KANT ha adoptado el mismo punto de vista fundando la existencia del derecho en su posibilidad de ser ejecutado por un poder público que dispone de la fuerza necesaria.[41] En cierto modo, también KELSEN siguió estas posiciones en su *Reine Rechtslehre*.[42] Sin embargo, dado que en ese momento

---

[39] JAKOBS, G., *supra* nota 37 ("Das Selbstverständnis..."), p. 55: "Pena en el Estado" vs. "Pena en el estado de naturaleza", "*Derecho* penal" vs. "*mera violencia* penal", "pena jurídica" vs. "pena de poder" (énfasis en el original).

[40] HOBBES, T., *Leviathan* (1651), Blackwell, Oxford, reimpreso 1960, Parte II, pp. 112-113, 172-176.

[41] KANT, I., *Handschriftlicher Nachlass/Reflexionen zur Rechtsphilosphie - Ius publicum universale in genere* (c. 1772-1775), en Preussische Akademie der Wissenschaften (ed.), *Gesammelte Schriften*, vol. XIX, de GRUYTER, Berlín, 1ª. ed., 1934, p. 482, disponible en <http://www.korpora.org/KANT/aa19/482.html> (15 de octubre de 2012) ("*Demnach ist kein Recht ohne eine Unwiederstehliche Gewalt*" ["Por consiguiente, no hay derecho sin poder irresistible"]); id., *Metaphysik der Sitten* (1797), en Preussische Akademie, *op. cit.*, vol. VI, Reimer, Berlín, 1ª. ed., 1907, p. 231, disponible en <http://www.korpora.org/KANT/aa06/231.html> (15 de octubre de 2012) ("*...mithin ist mit dem Rechte zugleich eine Befugniß, den, der ihm Abbruch thut, zu zwingen, (...) verknüpft*" ["...por consiguiente, al derecho está unido a la vez un poder de coaccionar a quien lo lesiona"]).

[42] KELSEN, H., *Reine Rechtslehre*, 2ª. ed., Franz Deuticke, Viena, 1960, p. 10 (distinguiendo entre "*Geltung*" [validez] y "*Wirksamkeit*" [eficacia] y sosteniendo que un "mínimo" de lo último es un prerrequisito de lo primero: "*ein Minimum an sogenannter Wirksamkeit ist eine Bedingung ihrer Geltung*" ["un mínimo de la llamada eficacia es una condición de su

existía un orden internacional, aunque incipiente, representa-
do principalmente por la Liga de las Naciones y las Naciones
Unidas, aceptaba que las normas (internacionales) puedan estar
respaldadas por sanciones y que estas puedan ser impuestas por
entidades diferentes a los Estados, por ejemplo, en el marco del
sistema de seguridad colectiva de acuerdo al capítulo vii de la
Carta de la onu.[43] Ciertamente, es posible que positivistas sociológicos como Jakobs vayan más allá de un enfoque centrado en
el Estado, pues ellos requieren el reconocimiento social de las
normas;[44] con todo, este reconocimiento debe siempre estar res-

---

validez"]) y p. 290 (Estado como comunidad social constituida por un orden normativo que, como "único" ordenamiento, slo puede ser el "ordenamiento coercitivo relativamente centralizado" reconocido como orden jurídico estatal: *"Wird der Staat als eine
soziale Gemeinschaft begriffen, kann diese Gemeinschaft, wie schon früher dargelegt, nur durch
eine normative Ordnung konstituiert sein. Da eine Gemeinschaft nur durch solche Ordnung
konstituiert sein kann (ja, mit dieser Ordnung identisch ist), kann die den Staat konstituierende
normative Ordnung nur die relativ zentralisierte Zwangsordnung sein, die wir als staatliche Rechtsordnung erkannt haben"* ["Si el Estado es concebido como una comunidad social, esa
comunidad solo puede ser constituida, como ya fue expuesto antes, por un orden normativo. Dado que una comunidad solamente puede ser constituida a través de *tal* orden
(incluso, es idéntica a ese orden), el orden normativo que constituye el Estado solo puede
ser el orden coactivo relativamente centralizado que hemos reconocido como orden jurídico estatal"]; énfasis en el original). Coincidente con el concepto de derecho de Kelsen,
Alexy, R., *Begriff und Geltung des Rechts*, Karl Alber, Friburgo/Múnich, 1992, pp. 139-141,
201-206 (sosteniendo que las normas que son obedecidas y aplicadas tienen un grado más
alto de validez que aquellas que no lo son).

[43] Cfr. Kelsen, H., "Sanctions in International Law under the Charter of the United Nations", *Iowa Law Review*, 31 (1945/46), p. 499 (543, 500-502) (por ej., en la p. 500: "el derecho
internacional es derecho en el sentido verdadero del término, puesto que sus reglas, que
regulan el comportamiento mutuo de Estados, cuentan con sanciones encaminadas contra el Estado que ha cometido un delito internacional..."). Véase también sobre el Estado
"como una esencia diferente del ordenamiento jurídico" (*"als ein von der Rechtsordnung
verschiedenes Wesen"*) id., *Der soziologische und der juristische Staatsbegriff. Kritische Unter-
suchung des Verhältnisses von Staat und Recht*, Mohr, Tübingen, 1922, p. 208 (énfasis en el
original).

[44] Jakobs, G., *supra* nota 38, p. 58 (sosteniendo que una norma solamente es efectiva si ella
determina la comunicación social, esto es, si ella formula expectativas socialmente acep-
tadas: "Eine Norm *gilt*, wenn sie den Inhalt möglicher Kommunikation bestimmt, wenn
also die an eine Person gerichtete Erwartung stabil ist" ["Una norma *tiene vigencia* si ella

paldado por, o al menos complementado con, mecanismos de ejecución similares a los estatales como expresión de la validez real o eficacia.[45] En todo caso, estas concepciones (centradas en el Estado), por supuesto, suponen el rechazo del derecho internacional como 'derecho' (público).[46] Además, el DPI no puede existir –en realidad, no es derecho en absoluto–, porque no existe un orden internacional similar a un Estado que lo haga cumplir y, por lo tanto, no existe ante todo el orden que ha de ser defendido. De hecho, por estas razones George Schwarzenberger no reconoce al DPI *stricto sensu* como *lex lata*, sino que se refiere a él como *"lege ferenda"* y lo llama "contradicción en los términos".[47]

---

determina el contenido de la comunicación posible, por lo tanto, si la expectativa dirigida a una persona es estable"]; énfasis en el original). Para un punto de vista similar véase Hart, H.L.A., *infra* nota 51. Sin embargo, incluso Kelsen, H. (contrariamente a la crítica de Jakobs en ibid.), *supra* nota 42, p. 11, reconoce la importancia del reconocimiento social cuando sostiene que la *"Wirksamkeit"* (eficacia) no solo se refiere a la aplicación e imposición efectiva de una norma, sino también a la obediencia por las personas sometidas a ella ("...*daß die Sanktion in einem konkreten Fall angeordnet und vollstreckt wird, sondern auch (…), daß diese Norm von den der Rechtsordnung unterworfenen Subjekten befolgt … wird*" ["… que la sanción sea ordenada y ejecutada en un caso concreto, sino también (…) que esa norma sea obedecida por los sujetos sometidos al orden jurídico"]).

[45] Véanse las citas *supra* nota 37.

[46] Cf. Kant, I., *Zum ewigen Frieden* (1795), en Preussische Akademie, *supra* nota 41, vol. VIII, Reimer, Berlín, 1ª. ed., 1912, p. 383, disponible en <http://www.korpora.org/Kant/aa08/383.html> (15 de octubre de 2012) (distinguiendo entre derecho publico unido con coactividad y derecho privado, y sosteniendo con relación al derecho internacional: "*Nur unter Voraussetzung irgend eines rechtlichen Zustandes (d. i. derjenigen äußeren Bedingung, unter der dem Menschen ein Recht wirklich zu Theil werden kann) kann von einem Völkerrecht die Rede sein...*" ["Solo si se presupone algún estado jurídico (esto es, aquella condición externa, bajo la cual un derecho puede serle efectivamente atribuido al hombre) es posible hablar de derecho internacional..."]). Para una minuciosa discusión y crítica del concepto kantiano de derecho internacional (también con referencias a Hobbes y a Kelsen), véase Merkel, R., "'Lauter leidige Tröster'? Kants Friedensschrift und die Idee eines Völkerstrafgerichtshofs", en Merkel, R. y Wittmann, R. (eds.), *„Zum ewigen Frieden". Grundlagen, Aktualität und Aussichten einer Idee vom Immanuel Kant*, Suhrkamp, Francfort del Meno, 1996, pp. 309-350 (312-327).

[47] Schwarzenberger, G., *supra* nota 6, pp. 293, 295.

Sin embargo, a pesar de la secuencia lógica aparentemente irresistible del argumento de JAKOBS, no es lo suficientemente convincente. Este argumento no capta toda la situación, dado que no hace justicia al carácter internacional del DPI. Además, adopta una perspectiva demasiado estrecha sobre la cuestión fundamental de la *validez de las normas (jurídicas internacionales)*. Para comenzar por lo último. La validez de las normas puede fundarse en su existencia efectiva, real, en una sociedad dada, pero también puede ser conectada al fundamento material (normativo/moral) de su pretensión de obligatoriedad. En este sentido, es posible distinguir entre validez social y material o, lo que para nuestros fines es lo mismo, entre validez (factual) y *legitimidad* (material) de las normas.[48] De hecho, la cuestión de la legitimidad juega un papel bastante importante en todas las teorías relativas a la validez de las normas; las teorías del derecho como fuerza son excepciones a esta regla.[49] En efecto, incluso para positivistas (moderados) como KELSEN,[50] HART[51]

---

[48] Para un buen resumen del debate véase MAHLMANN, M., *Rechtsphilosophie und Rechtstheorie*, Nomos, Baden-Baden, 2010, p. 248. Sobre la triple diferenciación entre positivismo (derecho positivo), realismo (aplicación práctica) y moralismo (justicia, derecho natural) cfr. también NEUMANN, U., *FS LÜDERSSEN*, 2002, pp. 109-126 (112-114); siguiéndolo KIM, Y.-W, *Archiv für Rechts- und Sozialphilosophie ("ARSP")*, 84 (1998), p. 505 (515).

[49] MAHLMANN, M., *supra* nota 48, pp. 249-251, con referencias detalladas. Para un concepto suprapositivo de validez con respecto a los derechos humanos véase también REUSS, V., *supra* nota 26, pp. 8-9.

[50] KELSEN, H., *supra* nota 42, pp. 7-8, 196-197, 200-209, sosteniendo, sobre la base de su teoría jurídica de la validez (*"juristische Geltungstheorie"*), que toda norma requiere de la validez objetiva de ser derivada de una "norma fundamental" (*"Grundnorm"*) suprema, cuya propia legitimidad no es sin embargo clara; véase críticamente Funke, A., "Rechtstheorie", en KRÜPER, J. (ed.), *Grundlagen des Rechts*, Nomos, Baden-Baden, 2011, pp. 45-64 (52).

[51] HART, H.L.A., *Concept of Law*, 2ª. ed., Clarendon Press, Oxford, 1994, pp. 211-212. Sin embargo, HART, en línea con su enfoque positivista (para un excelente resumen véase MAHLMANN, M., *supra* nota 48, pp. 148-150), advierte la ausencia en derecho internacional de una "regla de reconocimiento unificante que especifique las 'fuentes' de derecho y provea criterios generales para la identificación de sus reglas" (214); aunque él admite

o Alexy,[52] el derecho positivo (empíricamente existente) opera en definitiva con una reserva de legitimidad, esto es, requiere una pretensión de validez material (moral). La famosa fórmula de Radbruch, que parte en principio de la validez del derecho positivo[53], pero pone un límite para el "derecho injusto" (*'unrichtiges Recht'*) a través del recurso al principio de la justicia material (*'Gerechtigkeit'*),[54] no es sino otra consecuencia de esta reserva de legitimidad. En derecho internacional, el poder de la legitimidad es reconocido al menos desde el estudio seminal sobre este tema de Thomas Franck.[55] Así, aunque existe una tensión entre validez y legitimidad, la última está ganando "terreno para algo más importante" (*"room for something grander"*).[56] Las explicacio-

---

que el derecho internacional está "en fase de transición hacia la aceptancia" de reglas generalmente reconocidas (236).

[52] Alexy, R., *supra* nota 42, pp. 70-117, 201-206, donde discute el *"Unrechtsargument"* (argumento de la injusticia), sigue el argumento de Radbruch de los límites del derecho injusto (*infra* nota 54) y limita su concepto de una *"im großen und ganzen sozial wirksamen Verfassung"* ("constitución en general socialmente eficaz") con el criterio de la "extrema injusticia" (*"extreme Ungerechtigkeit"*).

[53] Sobre Radbruch como positivista véase Adomeit, K., *Rechts- und Staatsphilosophie II. Rechtsdenker der Neuzeit*, 2ª. ed., Müller, Heidelberg, 2002, pp. 148, 161; críticamente Mahlmann, M., *supra* nota 48, p. 153.

[54] En consecuencia, la "prioridad" del "derecho positivo, (...) precisamente cuando su contenido es injusto y no beneficia a la población", deja de existir cuando "el conflicto entre ley positiva y justicia alcanza una medida tan intolerable que la ley, como 'derecho injusto', debe ceder ante la justicia" (Radbruch, G., "Gesetzliches Unrecht und Übergesetzliches Recht" ["Injusto legal y derecho supralegal"], *Süddeutsche Juristenzeitung*, 1 (1946), pp. 105-108 (107); para una traducción al inglés véase *Oxford Journal of Legal Studies*, 26 (2006), pp. 1-11 (7). Sobre esta formula véase por ejemplo Neumann, U., *supra* nota 48, pp. 115 s., con referencias en nota 24.

[55] Franck, T., *The Power of Legitimacy among Nations*, Oxford University Press, Oxford, 1990, pp. 24-26 (sosteniendo en la p. 25 que las naciones obedecen reglas "[p]orque perciben que la regla y su penumbra institucional tienen un alto grado de legitimidad"). Véase también Koskenniemi, M., "Legal Cosmopolitanism: Tom Franck's Messianic World", *New York University Journal of International Law and Politics*, 35 (2003), pp. 471-486 (480), quien habla de "sentido común de valores".

[56] Koskenniemi, M., *supra* nota 55, p. 480.

nes pluralistas del derecho internacional van incluso más allá y reconocen –en contraste con el enfoque de arriba hacia abajo, centrado en el Estado, de las llamadas teorías realistas que se basan en el interés– diferentes fuentes de derecho internacional con "diversos grados de impacto" fuera del reino de la autoridad estatal.[57] La fuerza "generadora de derecho" de los procesos sociales no estatales[58] es particularmente dependiente de y, al mismo tiempo, promovida por la autoridad moral de las normas,[59] esto es, su legitimidad.

Desde esta perspectiva más amplia, la concepción de Jakobs puede y de hecho ha sido correctamente criticada,[60] porque equipara "validez" (en el sentido normativo-material de *Geltung*) y "orden" (*Ordnung*),[61] ignorando, así, la fuerza potencial de las

---

[57] Vease por todos Berman, P.S., "A Pluralist Approach to International Law", *Yale Journal of International Law*, 32 (2007), pp. 301-329 (302, 307, 311-322) (discutiendo la 'nueva' *New Haven School* de la Universidad de Yale y las diferentes áreas donde opera el pluralismo, en particular donde puede identificarse una disociación del Estado). Sobre la base del pluralismo jurídico Greenawalt, A.K., *supra* nota 20, pp. 1064, 1122-1227, aboga por una teoría pluralista del DPI de cuatro niveles; sin embargo, su enfoque no capta la completa variedad de creación normativa (no estatal) en DPI y, en cuanto al paralelismo entre DPI y derecho penal doméstico, solo es un resultado del reconocimiento de principios generales tradicionales (derivados del derecho nacional) de acuerdo a la regla *default* del art. 21(3)(c) del Estatuto de la CPI.

[58] Berman, P.S., *supra* nota 57, p. 322. Véase también Kastner, P., "Towards internalized legal obligations to address justice and accountability? A novel perspective on the legal framework of peace negotiations", CLF, 23 (marzo-septiembre, 2012), pp. 193-221 (218-9), sobre la fuerza "generadora de derecho" de las negociaciones orientadas al consenso dentro del marco de procesos de paz, que implican, en el mejor de los casos, fidelidad hacia las normas acordadas.

[59] Berman, P.S., *supra* nota 57, pp. 324-326.

[60] Críticamente en el contexto del DPI Stahn, C. y Eiffler, S.-R., "Über das Verhältnis von Internationalem Menschenrechtsschutz und Völkerstrafrecht anhand des Statuts von Rom", *Kritische Vierteljahresschrift*, 82 (1999), pp. 253-277 (254); crítico con respecto a Hobbes, Bielefeldt, H., *Philosophie der Menschenrechte*, Wissenschaftliche Buchgesellschaft, Darmstadt, 1998, pp. 153 ss. (156).

[61] Jakobs, G., *supra* nota 37 ("Das Selbstverständnis..."), p. 54. En sentido similar *id.*, "Strafrechtliche Zurechnung und die Bedingungen der Normgeltung", en Neumann, U.

normas en lo que hace a su legitimidad normativa, material, independientemente de un orden coactivo como un Estado o similar. En efecto, tal concepto de validez/existencia de normas no
solo niega la posibilidad de derecho a nivel internacional, sino
también muy frecuentemente a nivel doméstico, a saber, con respecto a aquellos Estados que no poseen un monopolio del poder (estatal) completamente en funcionamiento y/o donde sus
normas no gozan de completo reconocimiento social. Entonces,
el derecho penal de estos Estados no conferiría incluso un valor
normativo debido a la ausencia de poder coactivo.

En cuanto al carácter internacional del DPI, la cuestión más
fundamental se refiere a si tiene algún sentido aplicar las teorías
sobre la validez de las normas, desarrolladas teniendo en mente el Estado-Nación clásico, a un orden supranacional que sigue
reglas de organización diferentes a las de un Estado-Nación. En
todo caso, JAKOBS y críticos similares suelen argumentar desde
la perspectiva clásica de derecho nacional y centrada en el Estado, sin preocuparse de las complejas sutilezas de un emergente
orden internacional (que, por supuesto, no existía en el momento de las críticas hobbesiana y kantiana a la posibilidad de un
'derecho' internacional). Tampoco indagan sobre el rol y la competencia del Consejo de Seguridad en el sistema de seguridad
colectiva de la ONU, en particular con respecto al establecimiento
de tribunales penales internacionales y a la ejecutoriedad de sus
decisiones y sentencias, ni se ocupan de la posibilidad de persecuciones descentralizadas por terceros Estados. De este modo,
ellos ignoran, de una manera un poco negligente, que ya existe
un orden (jurídico) supranacional[62] en funcionamiento, aunque

---

y SCHULZ, L. (eds.), *Verantwortung in Recht und Moral*, STEINER, Stuttgart, 2000, pp. 57-72
(58-59), sobre la tesis de KELSEN de la *"Grundnorm"* (norma fundamental).

[62] Véase, por ejemplo, HÖFFE, O., *Demokratie im Zeitalter der Globalisierung*, 2ª. ed., BECK,
Múnich, 2002, p. 279 (*"globaler Ultraminimalstaat"* [Estado global ultra-mínimo]); KOSKEN-
NIEMI, M., *supra* nota 55, p. 485 (comunidad global emergente *"irresistiblemente* en mar-

Kai

Kai Ambos

incipiente, que es expresión de la institucionalización o incluso constitucionalización del derecho internacional,[63] donde los intereses de la comunidad prevalecen sobre los intereses unilaterales o bilaterales del Estado.[64] De hecho, no es demasiado idealista sostener que los diferentes mecanismos de responsabilidad penal, existentes tanto a nivel nacional como internacional, han confluido en el sistema de justicia penal internacional ya mencionado[65], el cual puede ser considerado el producto de un cierto

---

cha" [énfasis en el original]); HABERMAS, J., *Zur Verfassung Europas. Ein Essay*, Suhrkamp, Francfort del Meno, 2011, p. 34 ("orden mundial institucionalizado en fragmentos"). Véase también MERKEL, R., *supra* nota 46, p. 327 (reconociendo, luego de su crítica a los demasiado "rígidos" conceptos kantianos de "derecho" y "soberanía", al derecho internacional como "*unvollkommene (…) defizitäre, aber (…) doch* Rechts*ordnung*" ["incompleto (…) deficitario, pero sin embargo [como] un orden jurídico"]; énfasis en el original).

[63] Para un reciente estudio fundamental, véase KLEINLEIN, T., *Konstitutionalisierung im Völkerrecht*, Springer, Heidelberg *et al.*, 2012, pp. 5-97 y *passim*, quien ofrece una minuciosa discusión de las condiciones de una "constitucionalización" (como opuesta a "fragmentación") del derecho internacional, distinguiendo entre un (autónomo) "orden de valores" (en el sentido del concepto de comunidad internacional aquí usado, *supra* nota 27) y la institucionalización dentro de organizaciones internacionales. Como precedentes teóricos de la idea de constitucionalización identifica los escritos de KELSEN, LAUTERPACHT, VERDROSS y SCELLE (ibid., pp. 157-234, 694-695, 708) y ve su origen en las teorías del derecho natural (el escolasticismo tardío español y la filosofia racionalista alemana) y en la filosofía de la Ilustración de KANT (ibid., pp. 235-314, 695-696, 709). El hilo común en estas teorías es el desarrollo de un orden supranacional (*totus orbis, communitas humani generis, civitas dei, civitas maxima*) que puede remontarse a los derechos (humanos) individuales, esto es, que marca el cambio del derecho internacional de derecho neutral interestatal a derecho para los seres humanos (pp. 311, 314, 686). KLEINLEIN concluye, sin embargo, que se debería hablar más bien de "constitucionalización en" que de "constitucionalización de" derecho internacional. El debate de la constitucionalización ofrece sobre todo criterios para la legitimidad del derecho internacional (p. 685). Véase también PAULUS, A., *supra* nota 27 ("Die Internationale Gemeinschaft…"), pp. 285-328, e *id.*, *supra* nota 27 ("International Law…"), pp. 47-48, con otras referencias. Crítico sobre la constitucionalización con respeto a la Union Europea recientemente D. Grimm, *Die Zukunft der Verfassung* II *- Auswirkungen von Europäisierung und Globalisierung*, Suhrkamp, Francfort del Meno, 2012, 239-40, 261.

[64] Véase, para un resumen, SIMMA, B., "Universality of International Law from the Perspective of a Practitioner", *EJIL*, 20 (2009), pp. 265-97 (267-8), aunque crítico de la necesidad de una "constitucionalización" (297).

[65] Véase *supra* nota 28.

orden normativo de derecho penal o bien ser en sí mismo equivalente a tal orden.[66]

B. Protección de derechos humanos fundamentales por el DPI

El argumento de que hay un orden normativo internacional, basado en ciertos valores dignos de ser protegidos por el DPI, puede remontarse a la idea kantiana de la *dignidad humana* como fuente de derechos humanos (civiles) fundamentales que, en última instancia, deben ser protegidos por un *derecho (penal) supra o transnacional*.[67] Para Immanuel KANT, dignidad es opuesto a valor: todo lo que es reemplazable tiene un valor relativo, pero lo que no puede ser reemplazado tiene un valor intrínseco o dignidad. En consecuencia, algo que es un mero medio para satisfacer deseos tiene valor; y lo que constituye la condición bajo la cual algo puede ser un fin en sí mismo tiene dignidad. Así, la dignidad es intrínseca, deontológica y no negociable (no reemplazable); es la base de la individualidad y del reconocimiento mutuo (relación interpersonal) de los miembros de una sociedad.[68] Así entendida,

---

[66] Es interesante notar que los tribunales franceses en el proceso Barbie invocaron la existencia de un orden de DPI (Cour de Cassation, 6 de octubre de 1983, *Gaz. Pal.* 1983, 710, 711-2; disponible en <http://legimobile.fr/fr/jp/j/c/crim/1983/10/6/83-93194/> (6 de febrero de 2012).

[67] Nótese sin embargo que para KANT tal derecho (internacional) se fundaba en la existencia de un poder público capaz de aplicarlo: *supra* nota 40 y el texto principal.

[68] KANT, I., *Metaphysik der Sitten* (1797), *supra* nota 41, p. 462, disponible en <http://www.korpora.org/KANT/aa06/462.html> (15 de octubre de 2012): *"Die Menschheit selbst ist eine Würde; denn der Mensch kann von keinem Menschen (weder von Anderen noch sogar von sich selbst) blos als Mittel, sondern muß jederzeit zugleich als Zweck gebraucht werden, und darin besteht eben seine* Würde *(die* Persönlichkeit), *dadurch er sich über alle andere Weltwesen, die nicht Menschen sind und doch gebraucht werden können, mithin über alle Sachen erhebt. Gleichwie er also sich selbst für keinen Preis weggeben kann (welches der Pflicht der Selbstschätzung widerstreiten würde), so kann er auch nicht der eben so nothwendigen Selbstschätzung Anderer als Menschen entgegen handeln, d. i. er ist verbunden, die Würde der Menschheit an jedem ande-*

la dignidad humana es un concepto humanista, autosuficiente, que reclama reconocimiento y respeto por y entre los seres humanos con base en su estatus como personas con características peculiares comunes (por ej., razón).[69] Ella confiere a cada persona el estatus jurídico de ser humano, independientemente y

---

ren Menschen praktisch anzuerkennen, *mithin ruht auf ihm eine Pflicht, die sich auf die jedem anderen Menschen nothwendig zu erzeigende* Achtung *bezieht*" ["La humanidad misma es una dignidad; porque el hombre no puede ser utilizado únicamente como medio por ningún hombre (ni por otros, ni siquiera por él mismo), sino siempre a la vez como *fin*, y en esto consiste precisamente su *dignidad* (la *personalidad*), en virtud de la cual se eleva sobre todos los demás seres del mundo que no son hombres y sí que pueden utilizarse, por consiguiente, se eleva sobre todas la cosas. Así pues, del mismo modo que no puede autoenajenarse por ningún precio (lo cual se opondría al deber de la autoestima), tampoco puede obrar en contra de la autoestima de los demás como hombres, que es igualmente necesaria; es decir, que está obligado a *reconocer prácticamente* la dignidad de la humanidad en todos los demás hombres; por consiguiente, reside en él un deber que se refiere al *respeto* que se ha de profesar necesariamente a cualquier otro hombre"] (énfasis añadidos); id., *Grundlegung zur Metaphysik der Sitten* (1785), en Preussische Akademie, *supra* nota 41, vol. iv, Reimer, Berlín, 1903, disponible en <http://www.korpora. org/Kant/aa04/428.html> (15 de octubre de 2012). Sin embargo, su anterior teoría racial, en la que identificaba una tribu básica o nuclear ("*Stammgattung*"; de blancos con cabello marrón oscuro) y ordenaba cuatro razas de manera jerárquica (la primera compuesta por los muy rubios del norte de Europa de clima húmedo y frío y la última por los amarillo aceitunados de la India de áreas cálidas y secas), no encaja bien en esta concepción (Kant, I., *Von den verschiedenen Rassen der Menschen* [1775], en Preussische Akademie, *supra* nota 41, vol. ii, Reimer, Berlín, 1905], pp. 427-443, disponible en <http://www.korpora.org/ Kant/aa02/443.html> [15 de octubre de 2012]). Aparentemente, Kant superó este orden jerárquico de las razas en trabajos posteriores al reconocer a los derechos humanos como derechos de todas las personas (cfr. Kleingeld, P., "Kant's second thoughts on race", *Philosophical Quarterly*, 57 [2007], pp. 573-592).

[69] Cf. Mahlmann, M., *supra* nota 48, pp. 309-311. Sobre las fuentes religiosas (teológicas) y filosóficas (kantianas) del concepto véase Dan-Cohen, M., "A Concept of Dignity", *Israel Law Review* ("*IsLR*"), 44 (2011), pp. 9-33 (10-7) (sosteniendo que hay varios conceptos de dignidad); sobre la dignidad como un "valor fundacional" Kleinig, J., "Humiliation, Degradation, and Moral Capacity: A Response to Hörnle and Kremnitzer", *IsLR*, 44 (2011), pp. 169-83 (179-82). Sobre el impacto del concepto en el derecho penal material Kremnitzer, M. y Hörnle, T., "Human Dignity and the Principle of Culpability", *IsLR*, 44 (2011), pp. 115-141; id., "Human Dignity as a Protected Interest in Criminal Law", *IsLR*, 44 (2011), pp. 143 ss.; sobre el impacto en el derecho procesal penal Hassemer, W., "Human Dignity in the Criminal Process: The Example of Truth-Finding", *IsLR*, 44 (2011), pp. 185-198; Weigend, T. y Ghanayim, K., "Human Dignity in Criminal Procedure: A Comparative Overview of Israeli and German Law", *IsLR*, 44 (2011), pp. 199-228.

antes de la existencia de una comunidad constituida como un Estado. Ella concibe al Estado como *racional* en lugar de nacional, un Estado cuya autoridad está basada exclusivamente en el imperio del derecho.[70]

La concepción de KANT de la dignidad humana está complementada con su visión de una "paz eterna".[71] Para ser "eterna", es decir, permanente y sostenible, la paz presupone el cumplimiento de al menos dos condiciones: ante todo, que los Estados tengan una constitución republicana que garantice la libertad e igualdad de sus ciudadanos como "derechos inalienables";[72] además, un derecho del ciudadano mundial (*Weltbürgerrecht*) que incluya el "derecho de hospitalidad" (*Recht der Hospitalität*),[73] esto es, que cada ciudadano deba no ser tratado como hostil por otro Estado.[74] Como correctamente argumentó KLAUS GÜNTHER,[75] de esto se sigue un argumento en dos niveles: Primero, una paz justa y, por lo tanto, permanente se funda en el reconocimiento y respeto de los derechos de los ciudadanos, esto es, en lenguaje moderno, de los derechos humanos. Segundo, las violaciones a estos derechos han de ser estigmatizadas como injustos graves y castigadas. Además, lo que es importante en la idea kantiana del

---

[70] Cfr. ZACZYK, R.,"Die Notwendigkeit systematischen Strafrechts – Zugleich zum Begriff 'fragmentarisches Strafrecht'", ZStW, 123 (2011), pp. 691-708 (694-5), refiriéndose, además de a KANT, también a LOCKE y ROUSSEAU.

[71] KANT, I., *Zum ewigen Frieden* (1795/1796), *supra* nota 46, pp. 341-360, disponible en <http://www.korpora.org/KANT/aa08/431.html> (15 de octubre de 2012).

[72] *Ibid.*, p. 350.

[73] *Ibid.*, p. 357.

[74] La limitación del derecho de hospitalidad puede ser explicada por el hecho histórico de que, al momento en que KANT escribía, la visita a un país extranjero era el único punto de contacto con un poder soberano extranjero (KLEINLEIN, T., *supra* nota 63, p. 302).

[75] GÜNTHER, K., "Falscher Friede durch repressives Völkerstrafrecht?", en BEULKE, W. *et al.* (eds.), *Das Dilemma des rechtsstaatlichen Strafrechts*, Berliner Wissenschafts-Verlag, Berlín, 2009, pp. 79-100 (83-85). En sentido similar MERKEL, R., *supra* nota 46, pp. 348-349, encuentra argumentos a favor de una corte penal internacional ya en el trabajo de KANT sobre la paz eterna.

Weltbürgerrecht es el reconocimiento de un conjunto (mínimo) de derechos de toda persona, que supera la mediatización clásica del individuo dentro del orden estatal y en un orden mundial entre Estados.[76] En resumen, con esta concepción, Kant sienta las bases de todas las concepciones actuales sobre dignidad humana y paz mundial. En efecto, el concepto de dignidad humana encontró un lugar en instrumentos jurídicos, siendo así reconocida como un concepto jurídico recién en el siglo xix[77], y a nivel internacional en el siglo xx.[78] Así, ella constituye la base y fuente moral de toda codificación subsiguiente de derechos humanos (civiles) y sirve como un interfaz entre el derecho positivo y la moral, preparando el terreno para una transición de la moral hacia derechos (subjetivos).[79]

---

[76] Kleinlein, T, *supra* nota 63, pp. 301-303, 695-696, 709.

[77] Véase el "Decreto sobre la abolición de la esclavitud" de Francia del 27 de abril de 1848 (esclavitud como atentado contra la dignidad humana; citado por McCrudden, Ch., "Human Dignity and Judicial Interpretation of Human Rights", *ejil*, 19 (2008), pp. 655-724 (664), y el § 139 de la Constitución de *Paulskirche* de 1848 (respeto de la dignidad humana incluso en caso de criminales; citado por Habermas, J., *supra* nota 62, p. 15).

[78] A nivel internacional, de manera prominente el art. 1 de la *Declaración Universal de Derechos Humanos* (que alude a "seres humanos (…) libres e iguales en dignidad y derechos"); cfr. McCrudden, Ch., *supra* nota 77, pp. 665-666.

[79] Cfr. Habermas, J., *supra* nota 62, pp. 15-38 (16: "*moralische Quelle, aus der sich die Gehalte alle Grundrechte speisen*" [fuente moral que nutre el contenido de todos los derechos fundamentales"]; 21: "*Scharnier, welches die Moral der gleichen Achtung für jeden mit dem positiven Recht (…) so zusammenfügt, dass (…) eine auf Menschenrechte gegründete politische Ordnung hervorgehen konnte*" ["charnela que une de tal manera la moral del igual respeto para con cada cual con el derecho positivo que (…) pudo hacer nacer un orden político fundado en los derechos humanos"]; 23: "*Verbindung (…) über das begriffliche Scharnier der Menschenwürde…*" ["Vinculación (…) por medio de la charnela conceptual de la dignidad humana..."]; 26: "*überträgt den Gehalt einer Moral der gleichen Achtung für jeden auf die Statusordnung von Staatsbürgern, die (…) als Subjekte gleicher einklagbarer Rechte anerkannt werden*" ["traslada el contenido de una moral de igual respeto para con cada cual al orden de estatus de ciudadano estatal, que (…) es reconocido como *sujeto con mismos derechos exigibles*"]; énfasis en el original; 37: "*Moral, deren Gehalte über die Idee der Menschenwürde längst in die Menschen- und Bürgerrechte (…) Eingang gefunden haben*" ["Moral, cuyo contenido ha ingresado desde hace mucho, a través de la idea de la dignidad

Así, siguiendo a Kant, una serie de otros autores, en particular alemanes, han sostenido que el Estado y *la comunidad internacional está llamada a proteger la dignidad humana a través del derecho penal.*[80]

humana, en los derechos humanos y civiles"]); en sentido similar, recientemente, Reuss, V., *supra* nota 26, pp. 43, 66-67, 69.

[80] Véanse –además de los siguientes autores–, por ej., Wolter, J., "Menschenrechte und Rechtsgüterschutz in einem europäischen Strafrechtssystem", en Schünemann, B. y de Figueiredo Dias, J. (eds.), *Bausteine des europäischen Strafrechts - Coimbra Symposium*, Heymanns, Colonia *et al.*, 1995, pp. 3-34 (4 ss., 13); de Figueiredo Dias, J., "Resultate und Probleme beim Aufbau eines funktionalen und zweckrationalen Strafrechtssystems", en ibid., pp. 357-366 (358). Para el mismo resultado Roxin, C., "Die Strafrechtswissenschaft vor den Aufgaben der Zukunft", en Eser, A., Hassemer, W. y Burkhardt, B. (eds.), *supra* nota 37, pp. 369-395 (389-390) (acentuando la necesidad de penar sin reservas los crímenes internacionales). Véase también Stahn, C. y Eiffler, S.-R., *supra* nota 60, pp. 267 ss. (268, 277), identificando un "consenso de valores de la comunidad internacional", y Paulus, A. *supra* nota 27 ("Die Internationale Gemeinschaft..."), pp. 260-262, quien considera al DPI como una "expresión de consenso mínimo" de la comunidad internacional con respecto a los derechos humanos fundamentales. Para una combinación de la idea kantiana de la paz global con la punición de crímenes internacionales graves Zaczyk, R., *supra* nota 70, p. 705; de modo similar Melloh, F., *Einheitliche Strafzumessung in den Rechtsquellen des ICC-Statuts*, Duncker & Humblot, Berlín, 2010, pp. 84-6. Fletcher, G.P. y Ohlin, J.D., *Defending Humanity*, Oxford University Press, Nueva York, 2008, aplican la teoría kantiana de la defensa propia en derecho penal –como defensa no solo de los propios derechos sino (también) del orden jurídico en su conjunto (pp. 76, 79, 83-85)– al orden internacional, y propugnan sobre esta base un presunto derecho de todo Estado a intervenir contra una agresión (hasta que el Consejo de Seguridad actúe de acuerdo al capítulo VII, pp. 44-45, 76-78, 84-85) y –más importante en nuestro contexto– una intervención humanitaria en defensa de grupos nacionales (pero no de los derechos humanos de los individuos: pp. 129, 133-134, 145-147). Para una reseña crítica muy meditada véase Binder, G., "States of War: Defensive Force Among Nations", *Ohio State Journal of Criminal Law*, 7 (2009), pp. 439-461 (439), quien sostiene básicamente que la premisa de la analogía kantiana está equivocada, puesto que no existe un orden jurídico internacional en el sentido kantiano de un Estado republicano liberal (442-446, 461). Críticamente sobre un enfoque basado puramente en derechos humanos también Köhler, M., "Zum Begriff des Völkerstrafrechts", *Jahrbuch für Recht und Ethik*, 11 (2003), pp. 435-467 (451-454), para quien el "crimen universal" (verdadero) consiste en la "negación de la capacidad jurídica constitucional y al mismo tiempo internacional (...) de una entidad colectiva (pueblo) o Estado". Para Köhler, el DPI (el "crimen universal") solo puede ser justificado si afecta la "relación básica tal como [está] definida por el derecho internacional público" (*"Völkerrechtsverhältnis"* [relación de derecho internacional]), esto es, si niega el estatus jurídico o la subjetividad de una entidad colectiva (grupo, pueblo, Estado), como, por ej., por medio

De acuerdo a Max Weber, la dignidad humana es el origen de todo sistema de derecho penal y una precondición para garantizar su funcionalidad y capacidad para luchar efectivamente contra el crimen.[81] Katrin Gierhake sostiene que en la doctrina jurídica de Kant de la autonomía del sujeto libre y razonable se encuentran los fundamentos del DPI.[82] Considera que el castigo internacional compensa, en el nivel individual, la injusticia material ocasionada con un crimen internacional con respecto a la relación interpersonal de los ciudadanos; en un nivel general, universal, el castigo supranacional opera como una restitución de la paz y el derecho universal violados por igual por el crimen internacional.[83] De este modo, el injusto internacional tiene que ser negado por medio del castigo (supranacional).[84] De manera similar, Reinhard Merkel[85] y Klaus Günther[86] exigen la estigmatización y castigo con vistas a la confirmación y rea-

---

del crimen de genocidio y ciertos crímenes contra la humanidad (universales). Si el crimen respectivo no afecta esta *"Völkerrechtsverhältnis"*, verbigracia, en el caso de conflictos armados no internacionales, el DPI encuentra su límite en la –en tanto exista– soberanía estatal inalienable de esta relación básica de derecho internacional (*ibid.*, pp. 454-463). En contra de Köhler, Jesse, B., *supra* nota 20, pp. 66-67.

[81] Weber, M., *Gesamtausgabe Max Weber*, Abteilung 1, Band 22, Teilband 3: *Recht*, Mohr Siebeck, Tubinga, 2010, pp. 599 ss. Conc. Soeffner, H.-G., "Individuelle Macht und Ohnmacht in formalen Organisationen", en Amelung, K. (ed.), *Individuelle Verantwortung und Beteiligungsverhältnisse bei Straftaten in bürokratischen Organisationen des Staates, der Wirtschaft und der Gesellschaft*, Pro Universitate, Sinzheim, 2000, pp. 13-31 (27).

[82] De manera similar, centrándose en la autodeterminación del individuo autónomo como punto de partida de toda base legítima del derecho penal público Meyer, F., *supra* nota 34, pp. 653-6, 694-6, 930-2.

[83] Gierhake, K., *Begründung des Völkerstrafrechts auf der Grundlage der Kantischen Rechtslehre*, Duncker & Humblot, Berlín, 2005, pp. 165-166, 297, 299 y *passim*.

[84] *Ibid.*, p. 287.

[85] Merkel, R., *supra* nota 46, pp. 348-349 (haciendo referencia a la paz eterna de Kant), 344-345 (reconociendo una jerarquía normativa entre las normas –ius cogens– del Estado universal y el poder jurídico de uno de sus miembros) y pp. 349-350 (confirmación de normas por el DPI).

[86] *Supra* nota 75.

firmación de normas de derechos humanos fundamentales. *Last but not least*, FRANK NEUBACHER ve la legitimidad de los tribunales penales internacionales en la gravedad de los crímenes que han de ser perseguidos y, así, en la protección de intereses jurídicos universales.[87]

Otros autores emplean una visión más *cosmopolita*, que también puede remontarse a la idea kantiana del *Weltbürgerrecht*,[88] y, focalizándose en las personas en lugar de en los Estados como sujetos del orden internacional,[89] a su concepto de *dignidad humana* como fuente moral de derechos subjetivos para todas las personas,[90] de derechos humanos universalmente reconocidos[91]

---

[87] NEUBACHER, F., *supra* nota 19, pp. 415 ss.

[88] Véanse, además de lo siguiente, también GARAPON, A., "Three Challenges for International Criminal Justice", *JICJ*, 2 (2004), pp. 716-726 (a favor de un enfoque cosmopolita basado en derechos humanos); REUSS, V., *supra* nota 26, pp. 18-20, 54-55 (revindicando un derecho de autodefensa de los ciudadanos mundiales contra la violencia estatal y el *ius puniendi* de la sociedad –del ciudadano– del mundo civilizado).

[89] Cfr. RAWLS, J., *The Law of Peoples*, Harvard University Press, Cambridge (Mass.) *et al.*, 1999, pp. 23 ss. y *passim*. En sentido similar ALLAN BUCHANAN promueve "una concepción del derecho internacional fundada en el ideal de protección de los derechos básicos de todas las personas" (BUCHANAN, A., *Justice, Legitimacy, and Self-Determination: Moral Foundations for International Law*, Oxford University Press, Oxford *et al.*, 2004, p. 290). Véase también KOSKENNIEMI, M., *supra* nota 55, p. 473, quien distingue los "cosmopolitas" de los "internacionalistas" en que los primeros "tenían poca fe en los Estados y mucha más esperanza en los contactos crecientes entre los pueblos". Por último, pero no por ello menos importante, una concepción (pluralista) del derecho internacional que se focaliza en procesos jurídicos micro en el nivel base comienza desde el pueblo (abajo) en lugar que desde el Estado (arriba): véase BERMAN, P.S., *supra* nota 57, p. 306, con referencia a la posición de MICHAEL REISMAN. Para dicho enfoque, de abajo hacia arriba, véase también el muy reciente trabajo de REUSS, V., *supra* nota 26, pp. 68-69 (derechos humanos "horizontales" entre y desde los seres humanos), quien sostiene adicionalmente que los derechos unidos a la posición del individuo como sujeto del derecho internacional implican también deberes (71-78).

[90] Véase *supra* nota 79.

[91] WALDRON, J., "How to Argue for a Universal Claim", *Columbia Human Rights Law Review*, 30 (1999), pp. 305-314 (313) ("algunos estándares de derechos humanos (...) defendidos en todo el mundo"). Este punto de vista también es sostenido por algunos con experiencia práctica: véase, por ej., ARBOUR, L., *The Rise and Fall of International Human*

que, en última instancia, tienen que ser protegidos por un *derecho penal reconocido interculturalmente*[92] *y universal.*[93] Es una forma de cosmopolitismo basada en principios de razón con pretensión de validez universal.[94] En efecto, hay una mixtura única de una consideración concreta y una pretensión abstracta que desecha todo

---

Rights, International Crisis Group Lecture, 27 de abril de 2011 ("Así, vemos en África del norte, y cada vez más extendidamente en el mundo árabe, lo que a sus amos autoritarios siempre les ha sido difícil negar: la universalidad e indivisibilidad de los derechos humanos"; disponible en <http://www.crisisgroup.org/en/publication-type/speeches/2011/the-rise-and-fall-of-international-human-rights.aspx>, 2011 [15 de octubre de 2012]).

[92] Véase, por ej., Rössner, D., "Kriminalrecht als Kontrollinstitution", en Höffe, O., *Gibt es ein interkulturelles Strafrecht? - Ein philosophischer Versuch*, Suhrkamp, Francfort del Meno, 1999, pp. 121-139 (137) (*"Bei einer menschenrechtlichen Rechtfertigung und Inhaltsbestimmung des Kriminalrechts ist eine kulturübergreifende Strafbefugnis (...) zweifellos gegeben"* ["En una justificación y determinación del contenido del derecho criminal basada en derechos humanos existe sin dudas (...) un poder penal que trasciende las culturas"]); Hassemer, W., "Vielfalt und Wandel. Offene Horizonte eines interkulturellen Strafrechts", en Höffe, O., *ibid.*, pp. 157-180 (174-175, 179-180) (acuerdo en cuanto a la *"Achtung grundlegender Rechtsverletzungen"* ["proscripción de violaciones fundamentales al derecho"], derecho criminal como una *"menschenrechtsschützende Antwort"* ["respuesta protectora de derechos humanos"]), pero con mayor cautela en pp. 172-173 (*"Anfang einer Entwicklung (...) in welcher der 'große Fremde' sich uns anverwandelt und wir uns ihm..."* ["comienzo de un desarrollo (...) en el cual el 'gran extranjero' se transforma en nosotros y nosotros en él..."]). Críticamente sobre la idea de un derecho penal intercultural Pastor, D., *supra* nota 13, pp. 116 ss.; también Scheerer, S., "Die Kriminalstrafe als Kulturerbe der Menschheit?", en Eser, A., Hassemer, W. y Burkhardt, B., *supra* nota 37, pp. 345-355 (347), quien sostiene que la universalidad del derecho penal es solo un *"Mythos"* ("mito"). Sobre el marco teórico véase Demko, D., "'Strafrechtskulturen' im Kontext von Europäisierung und Internationalisierung des Strafrechts", en Ackermann, J.-B. y Bommer, F. (eds.), *Liber Amicorum Martin Vonplon*, Schulthess, Zúrich, 2009, pp. 95 ss.; Vogel, J., "Transkulturelles Strafrecht", *GA*, 157 (2010), pp. 1 ss.

[93] De esto se sigue como corolario el deber de perseguir y castigar mencionado con frecuencia en el derecho de los derechos humanos (véase por todos Orentlicher, D., "Settling Accounts: The Duty to Prosecute Human Rights Violations of a Prior Regime", *Yale Law Journal*, 100 (1991), pp. 2537-2615 [2537 ss.]).

[94] Koskenniemi, M., *supra* nota 55, pp. 475-477, quien distingue entre tres tipos de cosmopolitismo (profundo-estructural, racional/basado en principios y posmoderno/pluralismo jurídico).

desafío *general* de relativismo cultural,[95] en parte como resultado
de teorías posmodernas de pluralismo jurídico.[96] La consideración *concreta* consiste en la referencia a violaciones concretas de
derechos humanos fundamentales, traducidas en graves crímenes contra valores jurídicos fundamentales de la humanidad y
codificados como crímenes internacionales nucleares en los arts.
5-8 del Estatuto de la CPI, que difícilmente puedan ser aprobadas
por alguna cultura.[97] La pretensión *abstracta* se refiere a la posición moral subyacente de alcance universal de estos derechos

---

[95] En similar sentido, rechazando el desafío relativista de un concepto universal de
derechos humanos Perry, M.J., "Are Human Rights Universal? The Relativist Challenge
and Related Matters", *Human Rights Quarterly*, 19 (1997), pp. 461-509 (471: "Los derechos
humanos son todos similares en algunos aspectos, lo que da apoyo a generalizaciones
acerca de qué es bueno y qué es malo no solo para algunos seres humanos, sino para
todo ser humano"), y Bielefeldt, H., *supra* nota 60, pp. 10 ss. (12-13), 17, 115 ss. (145 ss.),
indentificando un "núcleo de consenso traslapado intercultural"); en sentido similar
Fisher, K.J., *supra* nota 27, p. 61; Mahlmann, M., *supra* nota 48, pp. 317-320.

[96] En cierto modo, esto es el reverso del enfoque de base, democrático y pluralista, discu-
tido arriba (*supra* nota 57 y el texto principal): el pluralismo jurídico es una teoría descrip-
tiva, no normativa; no proporciona una jerarquía de las normas, sino que considera iguales, en principio, a todas las normas y fuentes reconocidas; véase Berman, P.S., *supra* nota
57, pp. 327-328. Por supuesto, debe haber al menos algún orden; en este sentido, para
un "pluralismo ordenado" véanse Delmas-Marty, M., *Ordering Pluralism – A Conceptual
Framework for Understanding the Transnational Legal World*, Hart Publishing, Oxford *et
al.*, 2009 [traducción del francés]), y la instructiva reseña de Kubiciel, M., "Book Review:
Mireille Delmas-Marty, Ordering Pluralism – A Conceptual Framework for Understanding the Transnational Legal World, Hart Publishing, Oxford 2009", clf, 22 (septiembre,
2011), pp. 433-438. Por lo tanto, si se cree en la autoridad moral de las normas (*supra* nota
59 y el texto principal) hay un límite al relativismo, a saber, cuando se trata de derechos
humanos fundamentales y crímenes internacionales nucleares (cfr. Delmas-Marty, M.,
ibid., p. 104, sosteniendo que la '[c]riminalización parece ser impuesta por el universalis-
mo de valores, que conduce a punir los 'peores' crímenes internacionales"; concordantemente Kubiciel, M., *ibid.*, p. 438).

[97] También la doctrina islámica reconoce que hay "un grado suficiente de consenso cultural en cuanto a (…) la protección y promoción de derechos humanos" (An-Na'im, A.A.,
"Toward a Cross-Cultural Approach to Defining International Standards of Human
Rights: The Meaning of Cultural, Inhuman, or Degrading Treatment or Punishment", en
id., *Human Rights in Cross-Cultural Perspectives*, University of Pennsylvania Press, Phila-
delphia, 1992, pp. 19-41 [27]).

humanos fundamentales y de su castigo como crímenes internacionales nucleares.[98] Como posición filosófica universalista, no puede ser restringida geográficamente o desafiada culturalmente, dado que no hay nada en el "modo en que son formados los juicios morales (...) que restrinja el alcance de su aplicación apropiada".[99] O, en otras palabras, la validez de una pretensión moral es independiente de sus raíces histórico-geográficas.[100] En efecto, nadie sostendría seriamente que la teoría de la relatividad de Einstein es aplicable solo en Suiza, porque ella fue principalmente el fruto de sus años suizos.

En línea con este argumento, el filósofo de Tubinga Otfried Höffe ha propuesto una justificación filosófica de un orden penal internacional basado en derechos humanos y justicia como principios universales e interculturalmente reconocidos. Desde su punto de vista, la protección de derechos humanos es el deber más importante de la república mundial complementaria, y esta protección debe, en última instancia, ser asegurada por un derecho penal mundial.[101] La protección por medio del derecho penal es la otra cara de la prohibición de conductas violatorias de derechos humanos.[102] La legitimidad de un derecho penal mundial puede ser garantizada limitando su aplicación a la protección de los derechos humanos más básicos –una suerte de "mínimo ético" (Minimalmoral).[103] Tal derecho penal, fundado

---

[98] El hecho de que los Estados frecuentemente no castiguen tales crímenes se debe, generalmente, más a razones relacionadas con políticas del poder nacional que a un rechazo (abierto) del sistema de valores subyacente.

[99] WALDRON, J., *supra* nota 91, p. 307, quien distingue sobre esta base entre desafíos relativistas respetables concretos (relevantes) y no respetables generales (irrelevantes) (307-309).

[100] Cf. MAHLMANN, M., *supra* nota 48, p. 318.

[101] HÖFFE, O., *supra* nota 62, pp. 296 ss.

[102] HÖFFE, O., *supra* nota 92, pp. 78-79.

[103] HÖFFE, O., *supra* nota 62, pp. 35 y 368-369 (*"Die Rechtfertigung eines weltstaatlichen Strafrechts verbindet sich mit dessen Einschränkung auf den Schutz der Menschenrechte"* ["La jus-

normativamente en derechos humanos y reconocido universalmente por todas las culturas –y adaptable a todas ellas–, es en sí
mismo intercultural y, por lo tanto, puede ser aplicado a través
de naciones y culturas a escala universal.[104] De manera similar,
Jürgen Habermas sostiene –sobre la base de la combinación de
un concepto de dignidad humana que sirve como fuente moral
de derechos (subjetivos) humanos (civiles)[105] exigibles y la teoría
de la comunidad cosmopolita con ciudadanos mundiales y Estados como sujetos jurídicos cuyo propósito principal es proteger
la seguridad mundial y los derechos humanos fundamentales
como *minima moralia*[106]– que el "establecimiento de una situación

---

tificación de un derecho penal occidental se vincula con su limitación a la protección de
los derechos humanos"]).

[104] Höffe, O., *supra* nota 92, pp. 107-108 ("*Rechtskulturen, die so grundsätzlich anders sind,
daß sie die menschenrechtlich begründbaren Delikte gar nicht kennen, sind schwer zu finden; eher
dehnt man den Umfang der Strafbefugnis aus. (...) Das, wofür wir uns nachdrücklich einsetzen,
finden wir in anderen Kulturen auch; insbesondere über das, worüber wir uns empören, empören
sich die Menschen anderswo ebenfalls*" ["Son difíciles de encontrar culturas jurídicas que
sean tan esencialmente diferentes que no conozcan para nada delitos que puedan
fundamentarse en derechos humanos; más bien, el alcance del poder punitivo se extiende
(...) Aquello por lo que nos empeñamos con ahínco, también lo encontramos en otras
culturas; especialmente, de aquello por lo que nos escandalizamos, se escandalizan de
igual modo las personas en otras partes"]); Höffe, O., *supra* nota 62, p. 370.

[105] Véase *supra* nota 79 y el texto principal. Véase ya Habermas, J., *Die Zeit* del 29 de abril
de 1999, pp. 1, 6-7, (7) (derechos humanos como derechos subjetivos "*die im juristischen
Sinne implementiert werden müssen*" ["que tienen que ser implementados en un sentido
jurídico"]; sin embargo, solo si los derechos humanos han encontrado su "lugar" en el orden jurídico global de manera similar a los derechos fundamentales de nuestras constitu-
ciones, "*werden wir auch auf globaler Ebene davon ausgehen dürfen, daß sich die Adressaten dieser Rechte zugleich als deren Autoren verstehen können*" ["podremos partir a nivel global de
que los destinatarios de estos derechos puedan concebirse a la vez como sus autores"]).

[106] Habermas, J., *supra* nota 62, pp. 82-96 (86, 92-93). Por supuesto, Habermas reconoce
que su teoría tiene un elemento utópico dado del incipiente estado del orden internacional
vigente (véase ya *supra* nota 62) y la contingencia cultural de una transnacionalización de
la soberanía de los pueblos" (*ibid.*, p. 89, reconociendo que la falta de una cultura común
hace difícil una transnacionalización); véase también Habermas, J., *supra* nota 105, donde
habla de una "*Unterinstitutionalisierung des Weltbürgerrechts*" ["subinstitucionalización
del derecho del ciudadano mundial"]).

del ciudadano mundial" supone que las "lesiones a derechos humanos (…) deben ser perseguidas en el ordenamiento jurídico doméstico como actos criminales".[107]

Los teóricos angloamericanos llegan a resultados similares aunque más bien desde una perspectiva internacionalista. Algunos parten de un deber estatal de proteger derechos humanos básicos y, por lo tanto de castigar a quienes los lesionen. Si el Estado no cumple con ello, entonces no puede legítimamente objetar una intervención humanitaria (internacional) consistente en la persecución y el castigo supranacional. Desde la perspectiva de la soberanía, el Estado pierde la legitimidad para invocar la defensa de la soberanía (absoluta).[108] De hecho, esta línea de argumentación está basada en el entendimiento de la *comunidad internacional* como una comunidad unida por *valores comunes*[109] y la existencia de un *orden constitucional internacional* fundado en los mismos valores (tesis de la constitucionalización).[110] Una comunidad internacional basada en valores no solo defiende 'valores estatales', sino también 'valores comunitarios' de importancia para la humanidad en cuanto tal, por ej., paz universal y protección de derechos humanos fundamentales. En relación con esto último, existe un consenso 'traslapado' mínimo[111] en cuan-

---

[107] Habermas, J., *supra* nota 105 ("anhelado establecimiento de un estado del ciudadano mundial" significa que "infracciones contra los derechos humanos (…) sean perseguidas como acciones criminales dentro de un orden jurídico estatal").

[108] En el mismo sentido Paulus, A., *supra* nota 27 ("International Law…"), p. 49. Por supuesto, el argumento de la soberanía presupone que se acepte el concepto subyacente de soberanía absoluta; para un concepto relativo, más flexible, y una discusión véase Cryer, R., *supra* nota 32, pp. 981-982.

[109] Véase ya *supra* nota 27.

[110] Véase ya *supra* nota 63.

[111] En el sentido del concepto de John Rawls de un "consenso traslapado [o por superposición] de doctrinas comprensivas razonables", esto es, entre diferentes concepciones políticas o morales en una sociedad pluralista liberal (Rawls, J., *Political Liberalism*, Columbia University Press, Nueva York, 2005, pp. 133-134).

to a la validez normativa universal de los derechos humanos fundamentales.[112] En consecuencia, la comunidad internacional tiene el derecho de ejercer la acción penal contra los autores de los crímenes internacionales más graves.[113] Ella se convierte en el titular del *ius puniendi* internacional, representando el orden y la sociedad mundiales que constituyen su base normativa. La existencia de un marco jurídico internacional en el sentido de un 'orden constitucional', que protege ciertos valores comunes, en particular, derechos humanos fundamentales, supone, como ya se ha mencionado, una limitación de la soberanía estatal clásica (en el sentido de un genuino *domaine réservé*) por cuanto los Estados ya no pueden alegar ese derecho si no protegen o violan activamente derechos humanos fundamentales.[114] En otras palabras, la legitimidad del ejercicio del poder estatal se funda en el respeto de derechos humanos fundamentales.[115] Así, en esencia, los valores comunes reconocidos por la comunidad internacional y por el orden constitucional internacional limitan la soberanía de los *Unrechtsstaaten* (Estados injustos). Dicho enfoque combinado, constitucional y basado en derechos, es propuesto, por ejemplo, por ALTMAN y WELLMAN cuando invocan un concepto de soberanía funcional según el cual los "Estados que no protegen

---

[112] PAULUS, A., *supra* nota 27 ("Die Internationale Gemeinschaft"), pp. 254-260.

[113] Véase TRIFFTERER, O., "Der ständige internationale Strafgerichtshof – Anspruch und Wirklichkeit", en Gössel, K.-H. y TRIFFTERER, O. (eds.), *Gedächtnisschrift für Heinz Zipf*, C.F. MÜLLER, Heidelberg, 1999, pp. 495-560 (511 ss.). Véase también PAULUS, A., *supra* nota 27 ("International Law…"), p. 53, quien sostiene que la persecución supranacional de crímenes internacionales "es un atajo para las relaciones directas e indirectas de autoridades estatales, organizaciones no gubernamentales, comercio y ciudadanos individuales más allá de las fronteras estatales, y para el esfuerzo por afrontar problemas comunes, desde la protección del medio ambiente a la prevención del genocidio y la hambruna, para lo cual los Estados solos no tienen voluntad, son incapaces o no se encuentran legitimados para actuar unilateralmente".

[114] KLEINLEIN, T., *supra* nota 63, pp. 689, 703, 705-706.

[115] KLEINLEIN, T., *supra* nota 63, cap. 7 (en particular pp. 511-537, 613-614), pp. 699-700, 712-713.

suficientemente los derechos básicos de su población no tienen una objeción legítima a la imposición del DPI sobre ellos".[116] De manera similar, para Allan Buchanan la legitimidad del Estado depende de su capacidad y voluntad de proteger los derechos humanos de sus ciudadanos; solo entonces el Estado imparte justicia y puede ser considerado como una institución que protege derechos. Si no lo hace, instituciones (internacionales) alternativas deben otorgar esta protección.[117] La misma idea está plasmada en el principio de seguridad de Larry May, según el cual la soberanía estatal puede ser restringida legítimamente si el Estado no protege la seguridad de sus ciudadanos cometiendo violaciones atroces de derechos, causando así un grave daño internacional.[118]

Otros autores angloamericanos se centran, más bien, en un enfoque fundado en sí mismo en los derechos humanos y la dignidad humana. Ellos ponen énfasis en la –ya mencionada– visión cosmopolita de la sociedad mundial compuesta por ciudadanos como sujetos por derecho propio y con su propio derecho del ciudadano mundial.[119] Así, por ejemplo, Mark Osiel argumenta

---

[116] Altman, A. y Wellman, C.H., "A Defense of International Criminal Law", *Ethics*, 115 (2004), pp. 35-67 (46-47, 51).

[117] Buchanan, A., *supra* nota 89, pp. 87-88.

[118] May, L., *Crimes against Humanity*, Cambridge University Press, Cambridge, 2005, pp. 63-79 (especialmente 68-71), 80-95 (los principios de seguridad y del daño internacional operan como una justificación de base doble de las persecuciones penales internacionales). Críticamente sobre el principio del daño, mas a favor del principio de la seguridad, Greenawalt, A.K., *supra* nota 20, pp. 1096-1097 (pero relacionando este principio con una falla doméstica en la aplicación del derecho que debe ser compensada por el DPI).

[119] Centrándose en el derecho nacional, un enfoque similar asume la teoría del "republicanismo jurídico" según la cual el derecho en general y el derecho penal en particular refuerzan y promueven la idea de una sociedad de ciudadanos con virtudes y valores ciudadanos (véase para un resumen de los diferentes enfoques Dagger, R., "Republicanism and Crime", en Besson, S. y Martí, J.L. [eds.], *Legal Republicanism. National and International Perspectives*, Oxford University Press, Oxford, 2009, pp. 147 ss., 157; para una discusión y una aplicación al DPI véase Reuss, V., *supra* nota 26, pp. 42-52).

que la persecución penal de atrocidades masivas patrocinadas desde el Estado contribuye a la solidaridad social "encarnada en el modo cada vez más respetuoso en que los ciudadanos pueden llegar a conocer las diferentes visiones de sus conciudadanos".[120] DAVID LUBAN sostiene con respecto a los crímenes contra la humanidad que el ataque contra "el núcleo de humanidad que todos compartimos y que nos distingue de otros seres de la naturaleza",[121] el ataque, "en tándem, contra la individualidad y sociabilidad de las víctimas",[122] convierte al autor en enemigo y blanco legítimo de toda la humanidad; un *hostis humani generis*.[123] ADIL AHMAD HAQUE, en su "teoría retributivista del DPI",[124] conecta el deber (del Estado) de proteger[125] con el carácter de grupo de los crímenes internacionales[126] y la dignidad humana de cada

---

[120] OSIEL, M., *Mass Atrocity, Collective Memory and the Law*, Transaction Publishers, New Brunswick, 1997, pp. 22-23, 293.

[121] LUBAN, D., "A Theory of Crimes Against Humanity", *Yale Journal of International Law*, 29 (2004), pp. 85-167 (86) (existe traducción castellana de EZEQUIEL MALARINO y MARISA VÁZQUEZ, *Una teoría de los crímenes contra la humanidad* [Temis, Bogotá, 2011]; la citación corresponde a la p. 5 de la traducción).

[122] Ibid., p. 120 (92 de la traducción castellana; véase nota anterior).

[123] Críticamente sobre la ambigua terminología DUFF, A., "Authority and Responsibility in International Criminal Law", en BESSON, S. y TASIOULAS, J. (eds.), *The Philosophy of International Law*, Oxford University Press, Oxford, 2010, pp. 589-604 (602-604); AMBOS, K., "Crimes Against Humanity and the International Criminal Court", en SADAT, L.N. (eds.), *Forging a Convention for Crimes Against Humanity*, Cambridge University Press, Cambridge, 2011, pp. 279-304 (282).

[124] HAQUE, A.A., "Group Violence and Group Vengeance: Toward a Retributivist Theory of International Criminal Law", *Buffalo Criminal Law Review*, 9 (2005), pp. 273-328.

[125] Ibid., pp. 305 ("carga con el mismo deber de igual justicia hacia sus ciudadanos, y este deber exige la persecución y punición de actores no estatales") y 328 ("respuesta a una falta de protección", "fundamento del deber de castigar (…) en un anterior abandono del deber" de proteger).

[126] Ibid., pp. 302-304 (crímenes contra la humanidad como crímenes "cometidos por grupos políticamente organizados" e "infligidos a víctimas sobre la base de su pertenencia a un grupo"; aunque considerando el elemento del grupo más bien como un factor agravante: p. 308) y 326-327 ("la comisión de crímenes contra el grupo y la victimización del

individuo merecedora de protección.[127] Para él, el deber de castigar reside en "la estructura relacional de la justicia retributiva", esto es, que "la violación por parte de los agresores del derecho de la víctima hace surgir un deber en cabeza del agente sancionador, que es debido a la víctima, de castigar al agresor".[128] De este modo, el deber estatal de castigar está "fundado en la relación entre los tres actores, es decir, el autor, la víctima y el Estado como intermediario".[129] El Estado debe cumplir de manera efectiva su deber de castigar; si no lo cumple, entonces la intervención internacional está justificada.[130] MARK DRUMBL quiere reemplazar el derecho penal puro por un concepto más amplio (aunque muy abstracto) de justicia: una "visión pluralista cosmopolita" que promueve "un modelo preventivo basado en la obligación", operado de abajo hacia arriba a través de diversas modalidades que contemplan una mixtura de sanciones calibradas según cada atrocidad específica".[131] KIRSTEN FISHER, basándose en particular en MAY y LUBAN, propone un doble umbral basado en la "grave-

---

grupo desafían la legitimidad del Estado y de ese modo explican y justifican la intervención internacional").

[127] Ibid., pp. 320 ("reafirma la primacía de la humanidad compartida sobre la diferencia de grupo y desmantela los regímenes fundados en la premisa del valor moral desigual") y 322 ("concepción de los seres humanos como miembros de una única comunidad moral en virtud de su estatus compartido como personas"; discutiendo la jurisdicción universal).

[128] Ibid., p. 278; en cuanto al deber debido a la víctima véase también p. 288.

[129] Ibid., p. 283.

[130] Ibid., pp. 297, 304 ("Una vez que la autoridad moral del Estado está tan fuertemente comprometida, la tarea de imponer justicia retributiva recae en la comunidad internacional") y 306 ("peligro de indiferencia estatal o cooptación por grupos organizados y la necesidad resultante de una base jurídica para la intervención internacional"). Sin embargo, HAQUE es crítico de la comunidad internacional en cuanto agente de esta intervención desde que la "reivindicación" de que es "nuestra unidad política y moral fundamental sigue siendo una aspiración más que un hecho social" (pp. 296-297).

[131] DRUMBL, M., *Atrocity, Punishment, and International Law*, Cambridge University Press, Cambridge, 2007, p. 207; para más detalles y adaptaciones concretas véanse pp. 181 ss., 206 ss.

dad" y el carácter "asociativo" de los crímenes, elementos que han de ser alcanzados para justificar la aplicación del DPI.[132] El primero requiere que los derechos humanos más básicos que protegen la seguridad física de los seres humanos, que son una precondición para el goce de otros derechos, sean puestos en peligro por la conducta respectiva, esto es, este elemento se refiere a la gravedad del daño causado con vistas a la seguridad física.[133] El umbral asociativo representa el elemento de grupo u organizacional de los crímenes internacionales en un doble sentido, a saber, la organización o el grupo político como agresor ('organización política pervertida') y/o como el objeto de la agresión en donde las víctimas pertenecen a la organización.[134]

En definitiva, un enfoque basado en los derechos humanos esenciales de ciudadanos mundiales nos hace ver que un orden jurídico universal, esto es, el *orden de una sociedad mundial de ciudadanos mundiales*, es posible por la *fuerza del valor intrínseco de sus normas* (reflejado por la actuación de agentes diferentes en distintos niveles)[135] "sin un legislador centralizado y una judicatura" (LUHMANN)[136] y "sin el monopolio de poder de un Estado mun-

---

[132] FISHER, K.J., *supra* nota 27, pp. 17-26, 30-31, 186.

[133] Ibid., pp. 17-22, 26, 30-31. Para una visión crítica del elemento de la gravedad GREENAWALT, A.K., *supra* nota 20, pp. 1089-1095 (sosteniendo que es insuficiente para explicar el DPI, dado que no explica todos sus aspectos, especialmente no explica por qué ciertos crímenes están codificados como crímenes internacionales); sin embargo, esto atribuye demasiada importancia a este elemento que, como luego reconoce correctamente GREENAWALT (pp. 1122-1123), es solo una consideración importante para distinguir el DPI del derecho penal doméstico.

[134] FISHER, K.J., *supra* nota 27, pp. 22-25, 26, 30-31.

[135] En este sentido, BURCHARD, Ch., *supra* nota 29, pp. 77, 79, 81, en relación con la *global governance* y el DPI.

[136] LUHMANN, N., *Das Recht der Gesellschaft*, Suhrkamp, Francfort del Meno, 1993 (reimpreso en 1997), p. 574 (*"Weltgesellschaft auch ohne zentrale Gesetzgebung und Gerichtsbarkeit eine Rechtsordnung hat"*, *"Indikatoren eines weltgesellschaftlichen Rechtssystems"* ["la sociedad mundial tiene un orden jurídico aun sin jurisdicción y legislación centralizadas", "indicadores de un sistema jurídico de la sociedad mundial"]).

dial y sin un gobierno mundial" (Habermas).[137] De este modo, dicho enfoque conecta derechos humanos/dignidad humana con la idea de un orden normativo internacional. El sistema de justicia penal internacional, si bien no llega a constituir por sí mismo un verdadero orden jurídico, se asienta en este orden basado en valores; su *ius puniendi* es derivado de personas autónomas unidas en una sociedad mundial: *ubi societas ibi ius puniendi.*[138] Representa así un juicio de valor que expresa la necesidad jurídica y moral de castigar la conducta macrocriminal.[139] Su derecho, el dpi, puede ser considerado un progreso de civilización[140] y, en este sentido, un proyecto ético.[141] Los crímenes internacionales que han de ser prevenidos y/o penados a través de este derecho afectan los valores fundamentales de nuestro orden internacional y de la sociedad mundial y pueden incluso llegar a constituir crímenes *ius cogens*, esto es, crímenes de carácter perentorio, inderogable y principal.[142] En consecuencia, un Estado en cuyo territorio se han

---

[137] Habermas, J., *supra* nota 105 (regulación normativa "aun sin alcanzar un monopolio de la violencia de un estado mundial").

[138] Meyer, F., *supra* nota 34, pp. 695, 931.

[139] Cfr. Bassiouni, Ch., *supra* nota 13, pp. 31 ss.; David, E., "Les valeurs, politiques et objectifs du droit pénal international à l'heure de la mondialisation", *Nouvelles Études Pénales* ("aidp"), 19 (2004), pp. 157-169.

[140] Ambos, K., "International Criminal Law at the Crossroads", en Stahn, C. y van den Herik, L., *Future Perspectives on International Criminal Justice*, Asser Press, La Haya, 2010, pp. 161-177 (165 ss.).

[141] Al respecto, coincido con Dubber, M., *supra* nota 30, p. 923; sin embargo, él va demasiado lejos cuando sostiene que el dpi no es derecho y resulta más una "empresa ética-administrativa" que una jurídica. Dubber presenta su crítica en una retórica grandilocuente y pretenciosa, pero apenas apoyada con argumentos de sustancia y mucho menos con investigaciones referidas al derecho concreto. De hecho, Dubber no se interesa por las realidades y aspectos técnicos del actual dpi, esto es, no habla de quienes, en función práctica o académica, aplican y dan forma al dpi.

[142] Véase la definición en el art. 53 de la Convención de Viena sobre el Derecho de los Tratados. Sin embargo, es controvertido cuán lejos puede ir razonablemente la pretensión del *ius cogens*, es decir, si se extiende más allá de los crímenes internacionales nucleares codificados en el art. 5 del Estatuto de la cpi o incluso si abarca todos esos crímenes, incluidos, por ejemplo, *todos* los crímenes de guerra del art. 8. Existe una clara

cometido tales crímenes no puede esconderse detrás de la cortina de un concepto de soberanía grociano, poswestfaliano,[143] sino que debe asegurarse de que los responsables sean sometidos a responsabilidad; de otro modo, la comunidad internacional o terceros Estados (jurisdicción universal) tendrán que ocuparse de ellos.

---

jurisprudencia al respecto solamente en relación con el *genocidio* (Corte Internacional de Justicia ["CIJ"], *Application of the Convention on the Prevention and Punishment of the Crime of Genocide [Bosnia and Herzegovina v. Serbia and Montenegro]*, ICJ Reports [2007] 43, § 161; CIJ, *Armed Activities on the Territory of the Congo [New Application: 2002] [Democratic Republic of the Congo v. Rwanda]*, *Jurisdiction and Admissibility*, ICJ Reports [2006] 6, § 64; CIJ, *Reservations to the Convention on Genocide*, ICJ Reports [1951] 15, at 23; TPIY, sentencia de la Sala de Juicio, *Prosecutor v. Radoslav Brdanin* [IT-99-36-T], 1º de septiembre de 2004, § 680; TPIY, sentencia de la Sala de Juicio, *Prosecutor v. Goran Jelisic* [IT-95-10-T], 14 de diciembre de 1999, § 60; TPIY, sentencia de la Sala de Juicio, *Prosecutor v. Radislav Krstic* [IT-98-33-T], 2 de agosto de 2001, § 541; TPIY, sentencia de la Sala de Juicio, *Prosecutor v. Milomir Stakic* [IT-97-24-T], 31 de julio de 2003, § 500) y la *tortura* (más recientemente *Othman [Abu Qatada] v. UK* [2012], 8139/09, § 266; véanse también TPIY, sentencia de la Sala de Juicio, *Prosecutor v. Anto Furundzija* [IT-95-17/1-T], 10 de diciembre de 1998, §§ 153-157; TPIY, sentencia de la Sala de Juicio, *Prosecutor v. Zejnil Delalic et al.* [IT-96-21-T], 16 de noviembre de 1998, § 454). El TPIY, sentencia de la Sala de Juicio, *Prosecutor v. Zoran Kupreskic et al.* (IT-95-16-T), 14 de enero de 2000, § 520, ha adoptado un enfoque más amplio ("Además, la mayoría de las normas del derecho internacional humanitario, en particular aquellas que prohíben crímenes de guerra, crímenes contra la humanidad y genocidio son normas perentorias de derecho internacional o *jus cogens*"); en el mismo sentido, BASSIOUNI, CH., *supra* nota 13, p. 178. Además, el proyecto de la Comisión de Derecho Internacional sobre responsabilidad estatal (disponible en <http://untreaty.un.org/ilc/texts/instruments/english/com­mentaries/9_6_2001.pdf>, 2001 [15 de octubre de 2012]), p. 112, enumera los crímenes de *agresión, esclavitud, comercio de esclavos, discriminación racial* y *apartheid* como crímenes de *ius cogens*. Algunos autores adoptan el mismo punto de vista con respecto a la *violación* (véase Mitchell, D., "The Prohibition of Rape in International Humanitarian Law as a Norm of *Jus Cogens*: Clarifying the Doctrine", *Duke Journal of Comparative & International Law*, 15 [2004-2005], pp. 219-257 [219]; SUNGI, S., "*Obligatio Erga Omnes* of Rape as a *Ius Cogens* Norm: Examining the Jurisprudence of the ICTY, ICTR and the ICC", *European Journal of Law Reform*, 7 [2007], pp. 113-144 [127 y 140 ss.]).

[143]   Para una explicación crítica inspiradora del sistema westfaliano (que supuestamente sentó las bases de la comunidad de Estados soberanos y de este modo del orden jurídico internacional actual donde la autoridad política está concedida primariamente a los Estados) Strange, S., "The Westfailure System", *Review of International Studies*, 25 (1999), pp. 345-354 (345), señalando los fracasos con respecto a la crisis ambiental y financiera mundial.

IV. Conclusión

Un *ius puniendi* supranacional puede ser inferido de una *combinación* de los estadios incipientes de *supranacionalidad* de un orden mundial basado en valores y el concepto de una sociedad mundial compuesta por ciudadanos mundiales, cuyo derecho –el 'derecho del ciudadano mundial' (*Weltbürgerrecht*)– es derivado de derechos humanos universales, indivisibles e interculturalmente reconocidos, fundados en un concepto kantiano de dignidad humana. De hecho, esta combinación del individuo y lo colectivo está implícita en el preámbulo del Estatuto de la CPI mencionado al comienzo de este trabajo: por un lado, se refiere al nivel colectivo –'comunidad internacional', 'paz, seguridad y bienestar del mundo'– y, por el otro, al nivel individual –crímenes, autores, víctimas–. En cuanto al *nivel colectivo*, en este trabajo se ha argumentado que los crímenes internacionales nucleares afectan la comunidad internacional en su conjunto y, por lo tanto, esta comunidad basada en valores tiene un derecho a emprender una acción penal contra los autores de estos crímenes.[144] Así, ella es el titular del *ius puniendi* internacional. De manera similar, de acuerdo con la tesis de la constitucionalización, la justificación de la autoridad bajo el derecho internacional, esto es, la legitimidad del ejercicio del poder, se asienta en el respeto de derechos humanos fundamentales.[145] En cuanto al *nivel individual,* el punto de partida es una concepción del derecho (penal) internacional centrado en las personas y que se toma en serio sus derechos.[146] Tomarse en serio los derechos humanos, y a los ciudadanos como sujetos de esos derechos, cambia el foco del colectivo (Es-

---

[144] Sobre esta concepción basada en valores de la comunidad internacional véanse *supra* notas 109, 111-113 y el texto principal.

[145] Véanse *supra* notas 110, 114 y 115 y el texto principal.

[146] Véase *supra* nota 89.

tados soberanos) hacia el individuo (ciudadanos como sujetos de derechos) y permite derivar el *ius puniendi* de las violaciones de derechos reconocidos universal, transnacional e intercultural-mente de *individuos*.

Bien jurídico y *harm principle*: bases teóricas para determinar la "función global" del derecho penal internacional

Una segunda contribución para una teoría coherente del derecho penal internacional[*],[**]

[*] Título original: "The overall function of International Criminal Law: striking the right balance between the *Rechtsgut* and the harm principles" (manuscrito). Traducción revisada por el autor. Una versión alemana de este trabajo fue publicada en la *Festschrift für Jürgen Wolter*, Berlin, 2013; el original español fue publicado en el *Libro en Memoria del Prof. Enrique Cury*, Santiago de Chile, 2013. Dedico entonces esta versión española a estos dos grandes penalistas.

[**] El autor agradece al *Institute for Advanced Studies* de la Hebrew University de Jerusalén por el apoyo recibido durante sus meses sabáticos, durante el invierno 2011/2012, como investigador senior (*Senior Research Fellow*). Además, agradezco a los profesores Andrew Ashworth, Andrew von Hirsch y Victor Tadros (Reino Unido) y al Dr. Liat Levanon Morag (Jerusalem/Londres), así como al profesor Uwe Murmann (Gotinga) por sus valiosos comentarios a este artículo.

Observacion preliminar

El derecho penal internacional actual ("DPI") sufre de al menos cuatro deficiencias teóricas referidas a su "concepto y significado", el *"ius puniendi"* (derecho supranacional para castigar), la "función o propósito global" y los "fines de la pena". Estos temas están íntimamente relacionados entre sí y, particularmente, cualquier reflexión relativa a los últimos dos temas sin haber previamente aclarado el significado del *ius puniendi* carecería de todo sentido. Como se ha argumentado en otros lugares[1], en una primera contribución hacia una teoría coherente del DPI, el *ius puniendi* se puede inferir a partir de una combinación de la supranacionalidad incipiente de un orden mundial basado en los valores y los derechos humanos fundamentales de los ciudadanos, sobre la base de un concepto kantiano de dignidad humana. A partir de ello, ahora es posible examinar la función global del DPI. Teniendo en cuenta que el DPI no ha alcanzado el estatus de una disciplina autónoma, la búsqueda debe comenzar por el debate respecto de la protección del bien jurídico y la prevención del daño (*harm principle*) como funciones generales del derecho penal nacional (infra II), para luego analizar si y cómo los hallazgos pueden ser transferidos al DPI (infra III).

---

[1] Ambos, "Punishment without a sovereign? The *ius puniendi* issue of International Criminal Law", *Oxford Journal of Legal Studies*, 33 (2013); versión alemana en Gutmann, Jakl, Städtler y Wittreck (eds.), *Evolution – Entwicklung – Epigenesis des Rechts (Tagung der Deutschen Sektion der Internationalen Vereinigung für Rechts und Sozialphilosophie, Münster, 2012)*, ARSP-Beiheft 2013, de próxima aparición; en español: *Persona y Derecho*, 68 (2012-I, a ser publicado en 2013), de próxima aparición. Véase el primer estudio publicado en este libro. Para un resumen véase Ambos, *Treatise on International Criminal Law*, vol. I, "Foundations and General Part", Oxford University Press, Oxford, 2013, pp. 56 ss.

I. Objeto y propósito de la investigación

En este punto me interesa la pregunta fundamental acerca de la justificación del derecho penal en un Estado de Derecho. ¿Por qué utilizar el derecho penal? ¿Cuál es su función y propósito general? ¿Esta función y propósito también se aplican al DPI? La cuestión se reduce a la discusión sobre los conceptos de bien jurídico (*Rechtsgut*) y *harm* (daño).

Distingo esta pregunta de la cuestión más específica acerca de los propósitos del castigo en el derecho penal *stricto sensu*, es decir, la cuestión de si y cómo se puede justificar la imposición de una pena terrenal, que oscila entre un reproche (más bien) deontológico (solo retribución, *Vergeltung* o compensación) y uno (más bien) utilitarista/consecuencialista (la disuasión, la estabilización/refuerzo de las normas). He tratado esta pregunta en otros lugares[2] y aquí solo lo haré para referirme a ella en la conclusión por medio de un corolario derivado de los resultados de la investigación sobre la cuestión de la función general del DPI.

II. El punto de partida teórico: la protección del bien jurídico y la prevención del daño (harm) como funciones generales del derecho penal

1. Observaciones preliminares

La función del derecho penal se hace cargo, primordialmente, de la pregunta de qué es lo que el legislador puede y debe prohibir a sus ciudadanos bajo amenaza de castigo. ¿Pero de acuerdo con qué estándar debería el legislador decidir esta cues-

---

[2] Ambos y Steiner, *Juristische Schulung*, 2001, pp. 9 ss.; en español, *Revista de Derecho Penal y Criminología* (uned), 2ª época, n.º 12 (julio, 2003), pp. 191 ss.; Ambos (supra nota 1) (*Treatise*), pp. 67 ss.

tión? ¿Qué comportamiento debe y puede el Estado prohibir? ¿Debería poder prohibir cualquier acto que considere inmoral, indecente o antisocial, como alguna vez se discutió entre Lord Devlin y H.L.A. Hart[3] y los teóricos anteriores y posteriores a ellos? La gama de patrones de conducta que el Estado debería tipificar como delito no puede ser fácilmente determinada. En gran medida depende del sistema de valores de una sociedad dada y, por lo tanto, es hasta cierto punto relativa[4]. De hecho, si bien puede haber delitos principales que apuntan a la protección de bienes y valores fundamentales (especialmente la vida, la integridad corporal, la libertad) y que, por tanto, cuentan con un apoyo prácticamente universal[5], la mayoría de las prohibiciones penales cambian con el transcurso del tiempo al igual que sus respectivas penas y, a la vez, distintas infracciones pueden ser entendidas como legítimas en diferentes lugares. Lo que es punible hoy puede ser socialmente aceptado mañana debido a un cambio en las actitudes sociales de la población. Si bien hay que ser cuidadosos al invocar el sentimiento popular como base de una política criminal racional –piénsese en el principio nazi del "sano sentimiento popular" (*"gesundes Volksempfinden"*)–, es difícil ignorar por completo actitudes sociales bien fundadas. Después de todo, la aceptación social o el rechazo de ciertas formas de comportamiento constituyen –nos guste o no– los cimientos colectivos de nuestra política criminal. Así, un cambio radical en

---

[3] Ver infra notas 42 ss. y texto principal.

[4] Véase en este sentido Pastor, *El poder penal internacional – Una aproximación jurídica crítica a los fundamentos del Estatuto de Roma,* Atelier, Barcelona, 2006, p. 24, haciendo hincapié en la tarea casi imposible del DPI de intentar coordinar valores culturales regionales a nivel internacional. Por esta razón, más adelante el autor sostiene que por esta razón el DPI no solo es un proceso político de expansión, sino que también uno "axiológico" (p. 25).

[5] El argumento se ha formulado para crímenes internacionales esenciales en Ambos (supra nota 1). Consecuentemente, no hay lugar a un desafío relativista, véase infra nota 120.

las actitudes sociales podría ocasionar que un Estado se abstenga de un castigo o que lo introduzca.

De gran importancia para la adaptabilidad de un sistema de justicia penal es la medida en que es capaz de liberarse de las exigencias de encarnar un orden moral o religioso. La separación entre el Estado y la religión ciertamente existe en el mundo occidental, pero también aquí todavía existen ofensas morales que el Estado considera como dignas de castigo. Menos flexibles, por supuesto, son los sistemas legales cuyos delitos son dictaminados por la religión, donde la religión y la ley están estrechamente conectadas entre sí, como se puede apreciar especialmente en los Estados islámicos basados en el Corán[6] pero también en el judaísmo (ortodoxo) basado en la Torah.[7] Así, el consumo de alcohol está estrictamente prohibido bajo la legislación islámica, basada en la *Sharia*,[8] al menos según algunas autoridades (en este caso, nuevamente, hay lugar para distintas interpretaciones)[9].

---

[6] Khadduri, *The Islamic Conception of Justice*, jhu Press, Baltimore, 1984, p. 135: "En el Islam, la Ley (*Shari'a*) está íntimamente entrelazada con la Religión, y ambas son consideradas la expresión de la voluntad de Dios y la Justicia, pero mientras el objetivo de la Religión es definir y determinar fines –justicia y otros– la función de la Ley es indicar el camino (el término Shari'a en efecto otorga este significado) por medio del cual la justicia de Dios y otros fines se realizan". Véase también Alarefi, "Overview of Islamic Law", *International Criminal Law Review*, iclr 9 (2009), pp. 707-731; Kamali, *Shari'ah Law – An Introduction*, Oneworld Publications, Oxford, 2008, pp. 14 ss.

[7] Véase von Daniels, *Religiöses Recht als Referenz*, Mohr Siebeck, Tubinga, 2009, pp. 20 s.

[8] De acuerdo a Khadduri (supra nota 6), pp. 214 ss., los estudiosos legales islámicos en Egipto son reticentes a secularizar el código penal. Esto es confirmado por el hecho de que la nueva Constitución de Egipto (aprobada por referendo el 29 de noviembre de 2012) aún provee (como la antigua Constitución de 1971) en su artículo 2º, para la jurisprudencia islámica (*Sharia*), como la principal fuente de derecho egipcio; sobre esta llamada "Reserva Islámica" véase Naeem, "Einflüsse der Religionsklausel auf das Verfassungsrecht in den islamisch geprägten Ländern", en Krawietz y Reifeld (ed.), *Islam und Rechtsstaat*, Konrad-Adenauer Stiftung, Sankt Augustin, Berlin, 2008, pp. 77 ss.

[9] La prohibición (*al-haram*) de consumir alcohol –que se aplica, por lo demás, a todos los tipos de drogas intoxicantes– puede encontrarse en el Corán, Sure al-Maida 5:93, citado de acuerdo a Al-Qaradawi, *Verbotenes und Erlaubtes im Islam*, skd Bavaria Verlag & Handel, Múnich, 1989, p. 67. Al-Qaradawi, loc. cit., p. 73, señala que el castigo en estos

Contrariamente a eso, en un Estado liberal de Derecho, el derecho penal en general sirve a un propósito particular: se supone
que debe garantizar la protección de la convivencia pacífica de
los seres humanos en la comunidad[10]. Se discute, sin embargo,
qué es lo que exactamente protege el derecho penal para lograr
este propósito[11]: ¿bienes jurídicos?, ¿intereses?, ¿normas?[12] ¿O la
ley penal sirve/debería servir a la prevención del daño? Las dos
justificaciones principales –protección de bienes jurídicos y la
prevención del daño– serán tratadas en los apartados siguientes.

---

casos se prevé por el Corán mismo (el llamado castigo-*hadd* en oposición al *tazir* en caso
de ofensas que el Corán prohíbe, pero para los cuales no prescribe una sanción, en vez de
dejar su regulación al gobierno). Khadduri, *supra* nota 6, p. 216, sostiene, por el contrario,
que el consumo de alcohol no necesariamente se prohíbe bajo amenaza de castigo por el
Corán, sino que el Corán meramente aconseja en contra.

[10]   Véase, por ejemplo, Jescheck y Weigend, *Lehrbuch des Strafrechts – Allgemeiner Teil*, 5ª
ed., Duncker & Humblot, Berlín, 1996, p. 2.

[11]   Véase para una discusión general Ormerod, Smith y Hogan, *Criminal Law*, 13ª ed.,
Oxford University Press, Oxford, 2011, pp. 10-11; Ashworth, *Principles of Criminal Law*, 6ª
ed., Oxford University Press, Oxford, 2009, pp. 1 ss.; Roxin, *Strafrecht – Allgemeiner Teil*,
vol. I, 4ª ed., Beck, Múnich, 2006, § 2, pp. 14-15; Fletcher, *The Grammar of Criminal Law*,
vol. I, Oxford University Press, Oxford, 2007, p. 37, identifica tres potenciales puntos de
partida para la inferencia de que la conducta debiese ser tratada como criminal: 1) deber,
2) daño, y 3) norma.

[12]   En la función normativa-estabilizadora del derecho penal, véase Jakobs, *Strafrecht
– Allgemeiner Teil*, de Gruyter, Berlín, 1991, § 1, números marginales ("nm.") 4 ss., 11
("La tarea del castigo es la preservación de la norma como un modelo orientador de
la conducta social"; traducción del alemán por el autor). Jakobs invoca el concepto del
Rechtsgut solo como un "filtro a la dañosidad social" (filtro de *Sozialschädlichkeit*, loc.
cit., § 2 nm. 24-25; énfasis en el original); sin embargo, las normas no se protegen en
razón de sí mismas, sino porque ellas protegen algo digno de protección, por ej., bienes
jurídicos. Por lo tanto, en último término las teorías normativas también deben desvelar
el contenido material de las normas correspondientes (una crítica similar en Roxin, „Zur
neueren Entwicklung der Rechtgutsdebatte", *Festschrift für Winfried Hassemer*, C.F. Müller, Heidelberg, 2010, pp. 573-597, 593 s.). Respecto de las teorías del *Sozialschädlichkeit*
véase infra notas 99 y 112.

2. Protección de bienes jurídicos

La opinión de que el derecho penal tiene por objeto proteger bienes jurídicos se remonta a los escritos de los penalistas alemanes Franz Birnbaum[13], Karl Binding[14] y Franz von Liszt[15], sin que ellos, sin embargo, asignaran al concepto de bien jurídico el potencial crítico y liberal[16] que hoy le atribuye la opinión predo-

---

[13] Birnbaum ya desarrolló al principio del siglo xix su teoría de la violación de "bienes" (*"Güter"*) como un prerrequisito para calificar la conducta como un crimen (*"Verbrechen"*) rechazando la antigua teoría de la "violación de derechos" (*"Rechtsverletzung"*) desarrollada por Kant y Feuerbach: véase Birnbaum, "Über das Erforderniß einer Rechtsverletzung zum Begriffe des Verbrechens", en Abegg *et al.* (ed.), *Archiv des Criminalrechts*, Neue Folge, C. A. Schwetschke, Halle, 1834, pp. 149-194; véase en la aproximación de Birnbaum y Sina, *Die Dogmengeschichte des strafrechtlichen Begriffs "Rechtsgut"*, Helbing & Lichtenbahn, Basilea, 1962, pp. 19-24; Amelung, "Rechtsgüterschutz und Schutz der Gesellschaft – Untersuchungen zum Inhalt und zum Anwendungsbereich eines Strafrechtsprinzips auf dogmengeschichtlicher Grundlage – Zugleich ein Beitrag zur Lehre von der ,Sozialschädlichkeit' des Verbrechens", Dissertation, Francfort del Meno, 1972, pp. 43-51; Hefendehl, *Kollektive Rechtsgüter im Strafrecht*, C. Heymanns, Colonia, 2002, pp. 15-18; Swoboda, "Die Lehre vom Rechtsgut und ihre Alternativen", *Zeitschrift für die gesamte Strafrechtswissenschaft*, 122 (2010), pp. 24-50, 27-28. Véase sobre la "teoría de la violación de los derechos" en Sina, loc. cit., pp. 9-13; Amelung, loc. cit., pp. 16-28; Hefendehl, loc. cit., pp. 12-15; Swoboda, loc. cit., pp. 26-27.

[14] Binding, *Die Normen und ihre Übertretung*, vol. i, 1ª ed., W. Engelmann, Leipzig, 1872, p. 189 (*"Die Verursachungsverbote lassen sich nur daraus erklären, dass der durch die verbotene Handlung bewirkte Zustand den Interessen des Rechts widerspricht, während der Zustand vor der Handlung diesen Interessen entsprach. Alle diese Zustände, die durch Änderung nicht verdrängt werden sollen, sind für das Recht von Wert: Man kann sie Rechtsgüter nennen"*). Véase también Sina, supra nota 13, pp. 41-47; Amelung, supra nota 13, pp. 73-82; Swoboda, supra nota 13, pp. 29-30.

[15] Von Liszt, "Der Zweckgedanke im Strafrecht", ZStW 3 (1883), pp. 1-47, 19 (*"Lebensbedingungen der staatlichen Gemeinschaft"* como *"rechtlich geschützte Interessen: Rechtsgüter"*); véase Sina, *supra* nota 13, pp. 47-54; Amelung, *supra* nota 13), pp. 82-94; Swoboda, *supra* nota 13, pp. 30-32. Para una explicación fundamental en la génesis histórica del concepto empezando desde la teoría de los bienes de Birnbaum a comienzos del siglo xix véase Sina, *supra* nota 13, pp. 14-99; Amelung, *supra* nota 13, pp. 15-329; Vormbaum, "Birnbaum und die Folgen", en Guzmán Dalbora y Vormbaum (eds.), *Johann Michael Franz Birnbaum – Zwei Aufsätze*, Lit Verlag, Münster, 2011, pp. 93-117 (98-113).

[16] Es controvertido en particular cuál teoría –la (antigua) teoría de la violación de los derechos o la (subsecuente) teoría de los bienes– tiene un potencial más crítico y liberal

minante[17]. De todos modos, es bastante polémico si tal potencial realmente existe. Además de ser criticada por imprecisa, arbitraria e inconsistente en sus variaciones[18], se argumenta que el con-

con una mirada hacia la criminalización de la conducta humana: véase un instructivo debate reciente entre Guzmán Dalbora, "Inhalt und aktuelle Bedeutung der Rechtsgutstheorie im Werk von Johann Michael Franz Birnbaum", en Guzmán Dalbora y Vormbaum, *supra* nota 15, pp. 67-92 (85-92 ss., defendiendo la contribución de Birnbaum a la teoría del *Rechtsgut* como un proyecto liberal) y Vormbaum, *supra* nota 15, pp. 93-117 (96-116); Vormbaum, "Fragmentarisches Strafrecht in Geschichte und Dogmatik", *Zeitschrift für die gesamte Strafrechtswissenschaft*, 123 (2011), pp. 660-690, 672-673 (considerando la teoría de la violación de los derechos como un proyecto más liberal). En el último sentido, aparentemente también Kahlo, "Über den Zusammenhang von Rechtsgutsbegriff und objektiver Zurechnung im Strafrecht", en Hefendehl, von Hirsch y Wohlers (eds.), *Die Rechtsgutstheorie*, Nomos, Baden-Baden, 2003, pp. 26-38 (29-30), remontándose y ligando su definición del *Rechtsgut* a la teoría de los derechos en el sentido de un *"Recht der Subjektivität"*. Véase sobre esta controversia también Sina, *supra* nota 13, pp. 24-27. Claramente, mientras la teoría de los derechos se basó en la idea de un contrato social que crea derechos ciudadanos que deben ser protegidos por el Estado por medio de la ley (penal) (cfr. Naucke, "Der materielle Verbrechensbegriff im 19. Jahrhundert", en Klippel [ed.], *Naturrecht im 19. Jahrhundert*, 1997, pp. 269-291, 280), el movimiento hacia el concepto del *Rechtsgut* implicó aseverar su enlace a la teoría del Estado (en una corriente similar Hefendehl, *supra* nota 13, p. 18), sin, empero, soltarlo completamente (sobre el concepto crítico del bien jurídico y la idea del contrato social véase *infra* nota 112).

[17]   Véase por la doctrina dominante Hassemer, *Theorie und Soziologie des Verbrechens*, Athenäum-Verlag, Francfort del Meno, 1973, pp. 19 ss. (distinguiendo entre un sistema inmanente y una función crítica); id., en Kindhäuser y Neumann y Paeffgen (eds.), *Strafgesetzbuch*, vol. i, 3ª ed., Nomos, Baden-Baden, 2010, observación preliminar al § 1, nm. 110-115, 113; id., "Darf es Straftaten geben, die ein strafrechtliches Rechtsgut nicht in Mitleidenschaft ziehen?", en Hefendehl et al., *supra* nota 16, pp. 57-64; Roxin, *supra* nota 11, § 2, nm. 7-12, 50 (quien, sin embargo, ve un cierto *"cansancio del Rechtsgut"*, nm. 120); id., *Festschrift für Hassemer*, 2010, 573 ss. (según el cual la función crítica solamente surgió después de la Segunda Guerra Mundial, 576); Schünemann, "Strafrechtsdogmatik als Wissenschaft", en Schünemann et al. (eds.), *Festschrift Claus Roxin*, de Gruyter, Berlín y Nueva York, 2001, pp. 1-32, 29; id., "Das Rechtsgüterschutzprinzip als Fluchtpunkt der verfassungsrechtlichen Grenzen der Straftatbestände und ihrer Interpretation", en Hefendehl et al., *supra* nota 16, pp. 133-154, 133-134, 154, con varias referencias; Hefendehl, *supra* nota 13, pp. 5-8, 148-149; id., "Das Rechtsgut als materialer Angelpunkt einer Strafnorm", en Hefendehl et al., *supra* nota 16, pp. 119-132; en el resultado también Vormbaum, *supra* nota 16, p. 688; Swoboda, *supra* nota 13, p. 50 (después de una revisión crítica a los enfoques alternativos en pp. 37-49); Young-Whan Kim, *ZStW* 124 (2012), 591, 593-4.

[18]   Véase la crítica fundamental de Amelung, *supra* nota 13, pp. 261-272 (271: falta de claridad del concepto), y Stratenwerth, "Zum Begriff des 'Rechtsguts'", en Eser y Schit-

cepto no confiere un criterio sustantivo (normativo) para decidir qué bienes o intereses debieran ser protegidos por la ley penal y cuáles no. Esta decisión, por lo que las críticas continúan, se basa más bien en juicios de valor (preexistentes) que tienen que ser acordados antes e independientemente de los bienes jurídicos posteriormente establecidos. Así, el concepto no responde a la pregunta de la legitimidad, sino que a lo más deriva la respuesta de los valores subyacentes o principios de legitimación de la criminalización. No es un concepto primario, sino secundario[19], no

---

tenhelm y Schumann (eds.), *Festschrift für Theodor Lenckner*, C.H. Beck, Múnich, 1998, pp. 377-391, 378-381 (*"Vielfalt an zumeist nicht näher begründeten Definition"*); conforme hasta ahora Roxin, *supra* nota 11, § 2, nm. 2-3; más recientemente Wohlers, *Deliktstypen des Präventionsstrafrechts*, Duncker & Humblot, Berlín, 2000, pp. 213 ss.; id., "Die Tagung aus der Perspektive eines Rechtsgutskeptikers", en Hefendehl et al., *supra* nota 16, pp. 281-285, 281; Hörnle, *Grob anstössiges Verhalten: strafrechtlicher Schutz von Moral, Gefühlen und Tabus*, Vittorio Klostermann, Francfort del Meno, 2005, pp. 11 ss.; von Hirsch, "Der Rechtsgutsbegriff und das Harm Principle", en Hefendehl et al., *supra* nota 16, pp. 13-25, 18; Seher, "Prinzipiengestützte Strafnormlegitimation und der Rechtsgutsbegriff", en Hefendehl et al., *supra* nota 16, pp. 39-56, 44, 46; Frisch, "Rechtsgut, Recht, Deliktsstruktur und Zurechnung im Rahmen der Legitimation staatlichen Strafens", en Hefendehl et al., *supra* nota 16, pp. 215-238, 216-218 (*"Relativität, Weite und Vagheit"*: 217).

[19] Cfr. Seher, *supra* nota 18, pp. 45-56 (en particular refiriéndose a Feinberg y haciendo un llamado a la legitimación de principios de criminalización que deben ser plausibles y generalmente aceptables); en una línea similar Frisch, supra nota 18, pp. 216-227 (limitado potencial crítico no solo debido a la ambigüedad, sino sobre todo porque la decisión del *Rechtsgut* está usualmente predeterminada por ordenamientos jurídicos no penales o por otros juicios de valor prelegales: pp. 219-222, y porque la existencia de un *Rechtsgut* no alcanza a responder la pregunta decisiva de la legitimidad de usar el derecho penal: pp. 222-226); Seelmann, "Rechtsgutskonzept, 'Harm Principle' und Anerkennungsmodell als Strafwürdigkeitskriterien", en Hefendehl et al., *supra* nota 16, pp. 261-267, 261-262 (verdaderos criterios de criminalización no previstos); Wohlers, *supra* nota 18 (*"Tagung"*), p. 281 (el recurso a normas externas). Incluso los defensores de los principios del concepto de *Rechtsgut* como Roxin, *supra* nota 11, § 2, nm. 7-12, deben recurrir a factores externos como las funciones generales del derecho penal y los derechos constitucionales. Resumiendo las críticas más recientes Stuckenberg, "Grundrechtsdogmatik statt Rechtsgutslehre – Bemerkungen zum Verhältnis von Strafe und Staat", *Goltdammer's Archiv für Strafrecht* (*"GA"*), 158 (2011), pp. 653-661, 656-658; Vormbaum, *supra* nota 15, pp. 116-117.

tiene poder analítico en sí mismo[20], e incorporarlo en el concepto implicaría estirarlo excesivamente[21]. Además, hoy día el concepto no solo sirve como justificación para los delitos de resultado *stricto sensu*, es decir, delitos que protegen ciertos bienes jurídicos clásicos (la vida, la integridad corporal, la libertad) contra su violación, sino que justifica, por un lado, también los denominados delitos de peligro, o sea la criminalización (adelantada) de *conductas* meramente (abstractamente) *peligrosas*,[22] e incluye, por

---

[20] Stratenwerth, *supra* nota 18, pp. 388-389; von Hirsch, *supra* nota 18, p. 25; Seher, *supra* nota 18, p. 39; Frisch, *supra* nota 18, pp. 216-222.

[21] Seher, *supra* nota 18, pp. 44, 54; Frisch, *supra* nota 18, p. 222 (sobreestimación del concepto); Hefendehl, *supra* nota 17, p. 119 (quien ve esto, sin embargo, como partidario de los principios del concepto como pedirle demasiado).

[22] Para una convincente sistematización analítica de la ambigua categoría del *Gefährdungsdelikte* (delitos de peligro) véase von Hirsch y Wohlers, "Rechtsgutstheorie und Deliktsstruktur – zu den Kriterien fairer Zurechnung", en Hefendehl *et al.*, *supra* nota 16, pp. 196-214, 198-199, distinguiendo entre delitos preparatorios ("*Vorbereitungsdelikte*"), delitos cumulativos ("*Kumulationsdelikte*") y delitos concretos de peligro ("*konkrete Gefährlichkeitsdelikte*"), con referencias a sus antiguos trabajos en nota 9. Acerca de la importancia de la estructura del delito en este respecto, véase también Frisch, *supra* nota 18, pp. 227-228, quien de todas formas advierte, con razón, que los resultados de un análisis estructural no responden las subyacentes preguntas de valor relativas a la legitimidad de la criminalización (esto también es admitido por von Hirsch y Wohlers, loc. cit., p. 199). Respecto del *Gefährdungsdelikte* solo ve un problema de legitimidad en aquellos delitos de peligro *abstracto* donde la ausencia de un daño actual a un interés legítimo no es solo un tema de suerte, i.e. particularmente en el caso de los antes mencionados delitos cumulativos (pp. 234-238). Crítica relativa a estas ofensas también en Roxin, *supra* nota 11, § 2 nm. 80-82, quien generalmente demanda una clara conexión a un *Rechtsgut*: loc. cit., nm. 68-69; *id.*, *supra* nota 16, pp. 589 s. Kindhäuser, "Rechtsgüterschutz durch Gefährdungsdelikte", *Festschrift Krey*, Kohlhammer, Stuttgart, 2010, pp. 249-268 (260-262, 268), porporciona esta vinculación en cuanto expone de un modo convincente que los bienes jurídicos no solo son atacados mediante su modificación sustancial o su destrucción, es decir, su lesión propiamente tal (por ej., destrucción de la propiedad), sino también mediante una conducta previa, (concretamente) peligrosa, en la medida en que la producción del daño depende meramente del azar o no se encuentran garantizadas –debido a su puesta en peligro– las condiciones básicas para la utilización del bien jurídico. Sobre un "modelo de protección de bienes jurídicos en el estadio previo a la lesión del bien jurídico" orientado a las investigaciones policiales en ese estadio previo véase Kral, *Die polizeilichen Vorfeldbefugnisse als Herausforderung für Dogmatik und Gesetzgebung des Polizeirechts*, 2012, p. 169, 183 ss., quien significativamente considera posible apreciar un bien jurídico en ese

otro lado, bienes jurídicos *colectivos* –de modo creciente– en el
ámbito de protección penal.[23]
     En este contexto, no es sorprendente que el Tribunal Cons-
titucional alemán jamás haya dado al concepto de bien jurídico
un valor determinado en la evaluación de la compatibilidad de
las disposiciones de la ley penal con la Constitución[24]. De hecho,
como fue confirmado recientemente en una decisión acerca de

---

estadio precisamente cuando "los potenciales de amenaza (...) se mezclan en último término con suposiciones difusas de riesgo, que por sí mismas no justifican una afectación
de derechos fundamentales" (184).

[23] Para una teoría de los *Kollektive Rechtsgüter* véase Hefendehl, *supra* nota 13, pp. 5-235,
378-386, y *supra* nota 17, pp. 121-132 (distinguiendo *grosso modo* entre aquellos *Rechtsgüter*
que protegen las condiciones constitutivas de la libertad de los ciudadanos y aquellas
que protegen al Estado y sus instituciones, y sosteniendo que su legitimidad depende de
combinaciones de estructura del *Rechtsgut* y del delito que deberán ser analizados caso
a caso). Véase también Schünemann, supra nota 17 ("Rechtsgüterschutzprinzip"), pp.
149-153 (sosteniendo que el concepto del *Rechtsgut* por un lado demuestra su potencial
restrictivo respecto a intereses legales colectivos "aparentes", pero por otro lado también
justifica delitos controversiales como los que protegen el medio ambiente). – El concepto
personal de *Rechtsgut* ("*personaler Rechtsgutsbegriff*"), defendido en particular por Hassemer (en Kindhäuser et al., *Strafgesetzbuch*, vol. i, *supra* nota 17, nm. 131-148), enfatiza
los intereses legales individuales (véase ya von Liszt, *supra* nota 15; conc. Stratenwerth,
supra nota 18, p. 388; Young-Whan Kim, ZStW 124 (2012), 592-3; crítico Amelung, "Der
Begriff des Rechtsguts in der Lehre vom strafrechtlichen Rechtsgüterschutz", en Hefendehl et al., *supra* nota 16, pp. 155-182 [161-163]; Roxin, *supra* nota 16, 591 s.; Hefendehl,
supra nota 13, pp. 61-67), une los "*Kollektive Rechtsgüter*" a las personas y sus intereses individuales protegidos por ellos (véase Hassemer, *supra* nota 17, p. 57; Sternberg-Lieben,
infra nota 30, pp. 67-68, 69). Para una crítica fundamental véase Stratenwerth, "Krimina-
lisierung bei Delikten gegen Kollektivrechtsgüter", en Hefendehl et al., *supra* nota 16, pp.
255-260, 266, sosteniendo que el concepto de "*Kollektivrechtsgüter*" puede ser dispensado
dado que o bien los respectivos fenómenos afectan intereses individuales o la decisión de
criminalización puede ser en última instancia justificada como la protección de normas
de conducta que son centrales al consenso normativo de una determinada sociedad (sobre normas de conducta como una expresión del mínimo consenso social véase también
Stratenwerth, *supra* nota 18, pp. 386-387, 390-391; conc. Hefendehl, *supra* nota 13, pp.
52-59, respecto a "*Pönalisierung von Verstößen gegen tief verwurzelte Kulturüberzeugungen*"
[56]; crítico Roxin, *supra* nota 16, pp. 592 s.; Young-Whan Kim, ZStW 124 (2012), 601 ss).

[24] Para un análisis crítico de esta jurisprudencia véase Schünemann, *supra* nota 17
("*Rechtsgüterschutzprinzip*"), pp. 142-149; crítico también Roxin, *supra* nota 11, § 2 nm.
86-87, 89; id., en *FS Hassemer*, 2010, pp. 580-582.

la constitucionalidad del delito de incesto[25], el Tribunal Constitucional siempre ha considerado que el concepto de bien jurídico no establece requisitos más rigurosos que la tradicional prueba de la proporcionalidad[26]. Consiguientemente, desde una perspectiva constitucional, la única cuestión pertinente es si la restricción de los derechos fundamentales asociada a la comisión de un delito puede ser considerada proporcional, es decir, si sirve a la protección del público en general o de personas individualmente consideradas[27]. Más concretamente, una prohibición penal debe ser necesaria (*"erforderlich"*), adecuada (*"geeignet"*) y proporcional en sentido estricto (*"verhältnismäßig im engeren Sinne"*) en relación al objetivo o a los objetivos perseguidos[28]. Esto último, normalmente el criterio decisivo, significa que la naturaleza y la consecuencia de la interferencia en los derechos fundamentales deben estar balanceadas con las razones y objetivos de esta intervención, que no debe ser desproporcionada, injusta o inadecuada[29].

---

[25] Bundesverfassungsgericht (BVerfG) (Corte Constitucional Federal Alemana), 26.II.2008, en 120 *Entscheidungen des Bundesverfassungsgerichts* (BVerfGE), 224 (2008), disponible en <http://www.bundesverfassungsgericht.de/entscheidungen/rs20080226_2bvr039207. html> (esta versión fue citada en este trabajo).

[26] BVerfG 26.II.2008, § 39 (*"Strafnormen unterliegen von Verfassungs wegen keinen darüber hinausgehenden, strengeren Anforderungen hinsichtlich der mit ihnen verfolgten Zwecke. Insbesondere lassen sich solche nicht aus der strafrechtlichen Rechtsgutslehre ableiten"*). Crítica la opinión disidente del juez HASSEMER, *supra* nota 17, § 80 (*"Das ist in der strafrechtlichen Rechtsgutslehre, die der Senat nur mit spitzen Fingern anfasst, seit langem ausgearbeitet"*); conforme ROXIN, *supra* nota 16, pp. 581 s.

[27] BVerfG 26.II.2008, § 35 (*"Der Grundsatz der Verhältnismäßigkeit gebietet (...) dass eine Strafnorm dem Schutz anderer oder der Allgemeinheit dient"*).

[28] BVerfG 26.II.2008, §§ 36-37.

[29] BVerfG 26.II.2008, § 37 (*"Schließlich muss bei einer Gesamtabwägung zwischen der Schwere des Eingriffs und dem Gewicht sowie der Dringlichkeit der ihn rechtfertigenden Gründe die Grenze der Zumutbarkeit für die Adressaten des Verbots gewahrt sein [Verhältnismäßigkeit im engeren Sinn]. Die Maßnahme darf sie nicht übermäßig belasten. Im Bereich staatlichen Strafens folgt aus dem Schuldprinzip und aus dem Grundsatz der Verhältnismäßigkeit, dass die Schwere einer Straftat und das Verschulden des Täters zu der Strafe in einem gerechten Verhältnis ste-*

El enfoque del Tribunal Constitucional está en línea con el
incremento de la "constitucionalización" del derecho penal
(*Strafverfassungsrecht*) que, respecto del debate en torno al bien
jurídico, ha producido esfuerzos importantes en orden al enri-
quecimiento constitucional del concepto, o incluso a su sustitu-
ción[30]. Sin embargo, cualquier aproximación constitucional se

---

hen müssen. Eine Strafandrohung darf nach Art und Maß dem unter Strafe gestellten Verhalten
nicht *schlechthin* unangemessen *sein. Tatbestand und Rechtsfolge müssen vielmehr sachgerecht
aufeinander abgestimmt sein";* enfasis del autor). *In casu,* la mayoría del senado consideró
que el delito de incesto cumple con este criterio de proporcionalidad (*ibid.,* §§ 51-62).
Contra la opinión disidente del juez Hassemer, *supra* nota 17, paras. 73-128. La decisión
de la Corte fue confirmada por el Tribunal Europeo de Derechos Humanos, declarando
que la criminalización del incesto no viola el art. 8 de la Convención, *Stübing vs. Germany,*
Appl. n.º 43547/08 (12.IV.2012).

[30] Véase en particular Lagodny, *Strafrecht vor den Schranken der Grundrechte,* Mohr Siebeck, Tübingen, 1996; id., "Das materielle Strafrecht als Prüfstein der Verfassungsdog-
matik", en Hefendehl *et al.* (supra nota 16), pp. 83-88, 86; Stächelin, *Strafgesetzgebung
im Verfassungsstaat* (Duncker & Humblot, Berlin, 1998); Appel, *Verfassung und Strafe*
(Duncker & Humblot, Berlin, 1998); Hefendehl (supra nota 13), pp. 42-110. Véase, para
una combinación del estándar constitucional con el concepto del bien jurídico, Hassemer,
en Hefendehl *et al.* (supra nota 16), pp. 58-64; Roxin, supra nota 11, § 2 nm. 86-94; id.,
supra nota 16, 577-9, 586 ("Übermaßverbot"); Sternberg-Lieben, "Rechtsgut, Verhältnismäßigkeit und die Freiheit des Strafgesetzgebers", en Hefendehl *et al.* (supra nota 16),
pp. 65-82; particularmente sobre el requisito de proporcionalidad Hefendehl (supra nota
13), pp. 83-107 (basándose en gran medida en Lagodny); Böse, "Grundrechte und Strafrecht als, Zwangsrecht", en Hefendehl *et al.* (supra nota 16), pp. 89-95, pp. 91 ss.; Bunzel,
"Die Potenz des verfassungsrechtlichen Verhältnismäßigkeitsprinzips als Grenze des Rechtsgüterschutzes in der Informationsgesellschaft", en Hefendehl *et al.* (supra nota 16),
pp. 96-118, pp. 96 ss. El "concepto del *Rechtsgut* personal" (supra nota 13) también tiene
una base constitucional ya que se predica de la autonomía personal de los ciudadanos en
un *Rechtsstaat* que necesitan ciertos "bienes jurídicos" para disfrutar de manera completa
su libertad (cf. Sternberg-Lieben, loc. cit, pp. 67-68; de modo similar Roxin, supra nota
16, 577-579; Kindhäuser, supra nota 22, 257). Desde una perspectiva tan centrada en la
persona, sin embargo, es difícil explicar la protección de otros bienes jurídicos imper-
sonales. Así, por ejemplo, la protección ampliamente difundida de los derechos de los
animales por parte del derecho penal en varios países occidentales (en Alemania, esta
protección incluso tiene cimientos constitucionales: véase el artículo 20 a *Grundgesetz;*
crítico Amelung, "Der Begriff des Rechtsguts in der Lehre vom strafrechtlichen Rechtsgüterschutz", en Hefendehl *et al.,* supra nota 16, pp. 155-182, p. 161 con pie de página
["fn."] 35) difícilmente puede ser justificada con un concepto personal de *Rechtsgut* (generalmente crítico Amelung, loc. cit., pp. 161-163; crítico también Hefendehl, supra nota

enfrenta con el problema de que la Constitución no establece reglas especiales ni límites para el derecho penal[31], en particular respecto de la infracción de derechos individuales, y que la prueba de la proporcionalidad constitucional no es suficientemente precisa para hacer que un determinado resultado sea de algún modo previsible[32]. De hecho, es justo decir que la prueba de constitucionalidad y los juicios de valor inmanentes son lo suficientemente abiertos como para justificar prácticamente cualquier resultado; es decir, una disposición del derecho penal solo sería declarada inconstitucional en circunstancias muy excepcionales, a saber, cuando no puede ser justificada por ningún fin social superior[33]. Desde esa perspectiva, el concepto del bien jurídico no parece ser tan vacío ni vago como señalan sus críticos. En cualquier caso, pareciera que es capaz de limitar el derecho penal de una forma más eficiente y significativa que el estándar constitucional de la proporcionalidad. Así, al menos puede servir como un concepto mediador entre las normas del derecho penal y la demasiado rudimentaria prueba de proporcionalidad.

13, pp. 61-67; yendo más allá de su concepto liberal de *Rechtsgut* entonces Roxin, supra nota 11, § 2, mn. 55-56; id., supra nota 16, 594-596, centrándose en la responsabilidad de los hombres por las condiciones naturales de la vida y la creación).

[31] Böse (supra nota 30), p. 91; Swoboda (supra nota 13), p. 36; diferenciando Schünemann (supra nota 17) (*"Rechtsgüterschutzprinzip"*), p. 142; pero véase también Amelung (supra nota 13), pp. 261-273 (demostrando que las teorías del *Rechtsgut* del siglo xix permanecieron en gran medida inmutadas por la post Segunda Guerra Mundial *Grundgesetz*).

[32] Bunzel (supra nota 30), p. 111 (sosteniendo que el legislador se beneficia de una amplia prerrogativa respecto de los propósitos perseguidos); en la misma línea Roxin, supra nota 11, § 2 nm. 93; id., supra nota 16, 584 s. (*"Beurteilungsermessen"*); Swoboda (supra nota 13), p. 45.

[33] En esta línea, crítico con respeto a la "apertura" (*"Offenheit"*) de los juicios de valor constitucionales, véase también Sternberg-Lieben (supra nota 30), pp. 69, 71, 77; Bunzel (supra nota 30), p. 111; Frisch (supra nota 18), p. 217; Wohlers (supra nota 18), (*"Tagung"*), p. 282; Roxin (supra nota 11), § 2, nm. 93 (reconociendo un *"Beurteilungsermessen"* legislativo); Swoboda (supra nota 13), pp. 36-37, pp. 46-50; Vormbaum (supra nota 16), p. 684.

3. Prevención del daño

La discusión paralela en el derecho angloamericano se centra en torno al principio del daño ("*harm principle*"). Este construye la justificación de la criminalización de conductas humanas en torno al concepto del "daño", en particular requiriendo "daño a otros" (actual). Sin embargo, como veremos más adelante, ha existido un importante debate relativo al uso del derecho penal para reforzar la moral, y al mismo tiempo enfoques más modernos han ampliado el principio de daño original, por ejemplo, mediante la inclusión del "riesgo de dañar" y el "hacerse daño a uno mismo".

La idea original del principio del daño fue articulada por JOHN STUART MILL en su ensayo "Sobre la libertad"[34]. Allí sostuvo que "el único propósito para el cual el poder se puede ejercer legítimamente sobre cualquier miembro de una comunidad civilizada, contra su voluntad, es evitar que se dañe a terceros"[35]. Esto es, por un lado, una especie de principio del daño *utilitarista*, que se centra en los *efectos* de la conducta que se prohíbe. Por otro lado, la penalización de la conducta respectiva debe apuntar a

---

[34] MILL, *Utilitarianism, Liberty, and Representative Government*, Part II: "On Liberty" (reimpreso en 1948, Dent, Londres, 1859).

[35] MILL (supra nota 34), p. 73. Vale la pena señalar que MILL cita el estudio de *von Humboldt*, "Ideen zu einem Versuch, die Gränzen der Wirksamkeit des Staats zu bestimmen", publicado por primera vez en 1852, en su traducción al inglés (*The Sphere and Duties of Government* [translated from the German of Baron W. VON HUMBOLDT, by J. COULTHARD, Jun. 1854]), pero no se refiere a la afirmación de HUMBOLDT respecto de la función del Estado como garante de la seguridad de su ciudadanía de las "contravenciones a los derechos de los demás" ("*Kränkungen der Rechte andrer*"). Véase también, sobre MILL, VON HIRSCH (supra nota 18), p. 14; HARCOURT , "The Collapse of the Harm Principle", *Journal of Criminal Law and Criminology*, 90 (1999), pp. 109-194, pp. 120-122, 187 (identificando, como una dimensión normativa subyacente del principio de daño de MILL, una teoría de intereses reconocida como derechos legales). Crítico DUBBER, "Positive Generalpräventi-on und Rechtsgutstheorie – Zwei zentrale Errungenschaften der deutschen Strafrechtswissenschaft aus amerikanischer Sicht", *ZStW* 117 (2005), pp. 485-518, pp. 499 ss.; KAHLO (supra nota 16), pp. 33-36.

prevenir el daño, o sea, se trata de prevención en el sentido de un "principio preventivo *del daño*". Otra perspectiva se centra en la *propia conducta* y pregunta, tal vez de una manera más deontológica, si esta conducta es dañina (o arriesga daño)[36]. Esta distinción no solo es conceptualmente importante, sino que también tiene consecuencias prácticas: el principio del daño preventivo deja espacio para un equilibrio utilitario de los intereses afectados, mientras que el enfoque deontológico no toma en cuenta las consecuencias. Así, en el famoso caso del tranvía[37], en todas sus versiones, un enfoque deontológico no cuestionaría la ilicitud de sacrificar a una persona[38] para salvar a unos pocos, mientras que desde la perspectiva del principio del daño preventivo, tal conducta se considera correcta debido a que son más las personas que se salvan que las que se sacrifican. Por supuesto, desde una perspectiva sistemática, este argumento de equilibrio pertenece más bien a la defensa de la necesidad, es decir, es un argumento acerca de una posible justificación o excusa para una conducta que es, en principio, prohibida. De todos modos, un principio de daño preventivo es tal vez demasiado amplio ya que "casi cualquier posible regla de derecho penal inevitablemente previene la ocurrencia de alguna conducta dañina"[39] o evita alguna consecuencia más perjudicial. Esta tensión se manifiesta también en el debate sobre la criminalización de las infracciones a la moral, de la que ahora nos ocuparemos.

---

[36] Véase sobre esta distinción Tadros, "Harm, Sovereignty, and Prohibition", *Legal Theory* 17 (2011), p. 35.

[37] En esencia, el caso describe una situación donde un tranvía atropellaría a varias personas (digamos cuatro), pero podía ser desviado a otro carril donde solo una persona resultaría muerta. Véase para una variante a Tadros, The Ends of Harm (oup, Oxford, 2011), p. 115, y para otra (relacionada con un puente) a Tadros (supra nota 36), p. 51.

[38] Esto siempre violaría el principio (kantiano) de medios, de acuerdo al cual será siempre errado dañar a una persona como medio para lograr un mayor bien en otros; cf. Tadros (supra nota 36), p. 52; véase generalmente loc. cit., pp. 113 ss.

[39] Tadros (supra nota 36), p. 51 (resaltado en el original).

El principio del daño fue implícitamente confirmado en la década de 1950 por el famoso *Informe Wolfenden* de un Comité Ministerial inglés que, respecto a la criminalización de la homosexualidad y la prostitución, afirma que aquí "debe subsistir alguna esfera de moralidad e inmoralidad privada, que no es, en breves y crudos términos, un asunto legal"[40]. En consecuencia, la homosexualidad y la prostitución solo pueden ser legítimamente criminalizadas si causan efectos perjudiciales para la sociedad, o sea, daño a los demás[41]. Las conclusiones del Comité llevaron a una controversia entre la doctrina acerca de la finalidad del derecho penal, en particular, con respecto a aquellas conductas inmorales que carecen de víctima. Los dos principales adversarios eran, por un lado, Lord Devlin, abogando por el fortalecimiento de la moral[42], y, por otro lado, el filósofo del derecho de Oxford H.L.A. Hart[43], defendiendo el principio del daño[44]. Devlin argumentaba básicamente que también era parte de la función del derecho el resguardo de principios morales, ya que cada sociedad mantiene su cohesión gracias a la moral[45], de modo que la defensa de esta moralidad era esencial para su supervivencia[46]. La di-

---

[40] The Report of the Departmental Committee on Homosexual Offences and Prostitution, 247 *Command Paper (Cmnd)* (1957), parág. 61 (*„realm of private morality and immorality"* no es *„the law's business"*; véase también parág. 257 ("no es deber de la ley preocuparse de inmoralidades como tal" ["*It is not the duty of the law to concern itself with immorality as such.*"]).

[41] Esto fue rechazado respecto de la homosexualidad (supra nota 40, para. 62), pero afirmado respecto de la prostitución en las calles (supra nota 40, parág. 227, 275).

[42] Devlin, *The Enforcement of Morals* (oup, London, New York, 1965).

[43] Hart, *Law, Liberty and Morality* (Stanford University Press, Stanford, 1969).

[44] Para una buena discusión del debate véase Harcourt (supra nota 35), pp. 122-134, argumentando, *inter alia*, que fue, en esencia, una recapitulación del antiguo debate entre Mill y Stephen (loc. cit., p. 123).

[45] Devlin (supra nota 42), p. 10.

[46] Devlin (supra nota 42), p. 11; para un análisis de la tesis de la desintegración véase Galvin, "Two Difficulties for Devlin's Disintegration Thesis", *The Philosophical Quarterly* 37 (1987), pp. 420-423, p. 420.

versidad moral pondría en peligro el tejido de la sociedad y solo una ley penal basada en la moral proporcionaría la protección necesaria para su conservación[47]. Como consecuencia, puede "no haber límites teóricos para la legislación contra la inmoralidad"[48]. De manera interesante, sin embargo, Devlin reconoció que la veracidad de la moral era relativa y que dependía de la respectiva sociedad, es decir, aparentemente reconoció la relevancia de un daño social[49]. En oposición, Hart, como positivista que distingue, en principio, entre derecho y moral[50], estuvo de acuerdo con el *Informe Wolfenden* y rechazó el argumento de Devlin según el cual cada cambio en las creencias morales de una sociedad conduciría inevitablemente a su destrucción por medio de la desintegración social[51], es decir, que se requería de un refuerzo legal de la moral para la preservación de la cohesión social[52]. Para Hart, dicha comprensión de las fronteras de la moralidad era un absurdo, porque una sociedad jamás sería tan idéntica a su moralidad como para que un mero cambio en estas costumbres pudiera llevar a su destrucción[53]. En cualquier caso, el enfoque de Devlin, centrado en los efectos de una determinada conducta (inmoral) en el "tejido social", puede ser fácilmente compatible con el principio preventivo y utilitario de daño que se discutió anteriormente. Por otro lado, la aproximación liberal matizada

---

[47]   Devlin (supra nota 42), p. 11.

[48]   Devlin (supra nota 42), p. 14.

[49]   Devlin nunca aclaró esta ambigüedad en su posición. Véase George, "Social Cohesion and Legal Enforcement of Morals: A Reconsideration of the Hart-Devlin Debate", *American Journal of Jurisprudence* 35 (1990), pp. 15-46, 20; Harcourt (supra nota 35), pp. 124-126.

[50]   Hart, *Essays in Jurisprudence and Philosophy*, Part i – "General Theory: Positivism and the Separation of Law and Morals" (Clarendon Press, Oxford, 1983), pp. 49, 78.

[51]   Hart (supra nota 50), p. 50.

[52]   Hart (supra nota 50), p. 71.

[53]   Hart (supra nota 50), pp. 51-52.

de Hart tiene un conflicto con su aparente –abiertamente paternalista y por lo tanto no liberal– aceptación de la criminalización
de la autolesión (*"harm to self"* ["daño a sí mismo"][54]).

Joseph Raz sigue a Hart en su rechazo al reforzamiento de
la moral mediante el derecho penal[55]. Teniendo en cuenta el deber del Estado de promover el bien común, es decir, de crear
las condiciones para que las personas puedan llevar una vida
autónoma, no puede obligarlos a ser morales. Así, el Estado puede utilizar la coacción por medio del derecho penal solo para
prevenir la violación de la libertad y de la autonomía ocasionada
por daños causados a terceros; no debe, sin embargo, utilizar la
coerción para hacer cumplir "ideales morales" (*"moral ideals"*)[56].
En Alemania, la filósofa del derecho berlinesa Tatjana Hörnle
tomó básicamente el mismo punto de vista de Hart en su obra
fundamental sobre sanción penal de atentados contra la moral,
los sentimientos y los tabúes[57]. En un primer paso, Hörnle dis-

---

[54] Hart no es totalmente claro en este punto, pero parece ser que acepta a regañadientes
la necesidad de una criminalización paternalista de aquellas conductas que causan daño
a sí mismo. Hart critica el principio de Mill basado en el libre albedrío y consentimiento
como "fantástico" (*supra* nota 43, p. 32) ya que existe un "rechazo general a la creencia
de que los individuos conocen mejor sus intereses" (loc. cit.). Por esta razón la teoría del
Mill ha sido modificada, al punto que "dañar a otros es algo que aún podemos pretender
prevenir mediante el uso del derecho penal, incluso cuando existe consentimiento de
la víctima de participar o ayudar en actos que son dañinos para ella" (loc. cit., p. 33).
Feinberg habla a este respecto del renuente consentimiento del paternalismo de Hart
(*Harm to Self* [infra nota 61, 1986], p. 4), y él sólo acepta un tipo de paternalismo suave
(cf. infra nota 64). Raz sigue a Hart en que entiende el principio del daño en un sentido
más amplio, incluyendo el daño a uno mismo (*The Morality of Freedom*, reimpr. de 1989,
Clarendon Press, Oxford, 1986, pp. 412-413), pero una intervención paternalista debería
ser predicada en el respeto de las condiciones de autonomía (p. 423).

[55] Raz (supra nota 54), p. 420.

[56] Raz (supra nota 54), según el cual el principio del daño *"sets a limit on the means allowed
in pursuit of moral ideals"* ("limita los medios permitidos para perseguir ideales morales").

[57] Hörnle (supra nota 18). Sobre la criminalización de sentimientos véase también id.,
"Der Schutz von Gefühlen im StGB", en Hefendehl *et al.* (supra nota 16), pp. 268-280.

tingue entre la "inmoralidad" y "delito"[58] y luego afirma, en un segundo paso, que las disposiciones que tipifican como delito solo actos inmorales deben ser derogadas[59].

Volviendo al principio del daño, su irrupción[60] en el debate jurídico angloamericano se logró finalmente a través del filósofo del derecho estadounidense JOEL FEINBERG, con su obra de cuatro tomos sobre los "Moral Limits of Criminal Law" ("Límites morales de la ley penal")[61]. FEINBERG va sin embargo más allá de MILL en el sentido de que ve una justificación moral de la criminalización no solo en los casos de *"harm to others"* ("daño a otros")[62], sino asimismo si una conducta es considerada ofensiva para otros en un sentido más estricto (*"offense principle"* ["principio de lesión"][63]).

---

[58] HÖRNLE (supra nota 18), pp. 11 ss., 467 ss.

[59] HÖRNLE (supra nota 18), pp. 482-483. Para HEFENDEHL (supra nota 13), pp. 51-52 el castigo a la moral es inconstitucional.

[60] Para la discusión previa ligada a J. HALL, G. O. W. Mueller y O. C. Snyder véase ESER, The Principle of 'Harm' in the Concept of Crime – A Comparative Analysis of the Criminally Protected Legal Interests", *Duquesne University Law Review* 4 (1965-1966), pp. 345-417 (pp. 349-355).

[61] FEINBERG, *Harm to Others*, Vol. I (OUP, Oxford, 1984); id., Offense to Others, Vol. II (OUP, Oxford,1985); id., Harm to Self, Vol. III (OUP, Oxford, 1986); id., *Harmless Wrongdoing*, Vol. IV (OUP, Oxford, 1988). Para un análisis profundo de la teoría de FEINBERG véase SEHER, *Liberalismus und Strafe – Zur Strafrechtsphilosophie von JOEL FEINBERG* (Duncker & Humblot, Berlin, 2000); para una crítica metodológica véase KAHLO (supra nota 16), pp. 31-32.

[62] FEINBERG, *Harm to Others* (supra nota 61).

[63] FEINBERG, *Offense to Others* (supra nota 61). FEINBERG básicamente argumenta que la prevención efectiva de un "delito serio (en oposición al daño o lesión) a personas distintas del actor" [*"serious offence (as opposed to injury or harm) to persons other than the actor"*] es siempre una buena razón para criminalizar (loc. cit., p. 1). Conductas ofensivas relevantes en este sentido, de todas formas, solo constituyen "conductas ilegales (que violan derechos)" [*"wrongful (right-violating) conduct"*], i.e., el así entendido *"offense principle"* requiere, como el *"harm principle"*, de un *elemento de ilicitud*; contrario al lenguaje común, sin embargo, no es necesario que el acto ilícito sea tomado por la persona ofendida como ofensivo: "Se necesita que *haya* un ilícito, pero no que la víctima haya *sentido* el ilícito." ([*"It is necessary that there* be *a wrong, but not that the victim feel wronged"*]; loc. cit., pp. 1-2; resaltado en el original). En cualquier caso, el estrecho concepto de una conducta (relevante) ilícita implica un espinoso problema al trazar la línea: si el "ilícito es, de manera segura, menos que el daño" ([*"offense is surely a less serious thing than harm"*];

Feinberg también discute, pero rechaza, el paternalismo jurídico[64]

---

loc. cit., p. 2), debe ser distinguido de este, pero entonces nace la pregunta de por cuál razón moral este ilícito remanente y menor debiese ser criminalizado y cómo debiese distinguirse del castigo a la moral que Feinberg rechaza (supra nota 65; véase, crítico, Seher [supra nota 18], pp. 49-50). Feinberg propone un ejercicio de balance matizado tomando en consideración, del lado de la víctima, la seriedad del ilícito (intensidad y duración de la repugnancia producida, la facilidad para evitar el comportamiento ofensivo y la asunción voluntaria del posible riesgo) y, del lado del autor, la razonabilidad de su conducta (valor personal y social de la conducta, la motivación y las circunstancias) (Feinberg, loc. cit., pp. 26, 35, 44). Al final, sin embargo, no existe una "forma automática y matemática de llegar a una clara decisión correcta", "no hay un sustituto del juicio [...] el juez o el legislador está completamente solo" ([*no automatic mathematical way of coming to a clearly correct decision*", "*there is no substitute for judgment [...] the judge or legislator is entirely on his own*"]; pp. 45-46, resaltado en el original). Para una crítica véase von Hirsch, "The Offence Principle in Criminal Law", *King's College Law Journal* 11 (2000), pp. 78-89, 78; id. (supra nota 18), pp. 22-23 (quien pasa por alto, sin embargo, cuando critica el principio de la ilicitud como demasiado subjetivista, la distinción de Feinberg entre el lenguaje ordinario y el significado técnico del principio); Simester y von Hirsch, *Crimes, Harms, and Wrongs* (Hart, Oxford, 2011), pp. 91 ss.; Swoboda (supra nota 13), p. 39 (argumentando que Feinberg no explica por qué los sentimientos de otros debiesen prevalecer sobre la libertad general de actuar).

[64] Feinberg, *Harm to Self* (supra nota 61). Aunque no es de directa relevancia aquí, vale la pena señalar que Feinberg distingue entre distintas formas de paternalismo (loc. cit., p. 8) y opta, mucho más claramente que Hart, por un "suave anti-paternalismo" ["*soft anti-paternalism*"] liberal (loc. cit., pp. 12, 26), concluyendo: "Así somos conducidos a una doctrina liberal que, en sus efectos inmediatos, puede ser confundida con el paternalismo, pero que en esencia es bastante diferente, a saber, que el Estado tiene el derecho de impedir conductas que causan daño causado a sí mismo cuando, solo cuando, es sustancialmente involuntaria, o cuando una intervención temporal es necesaria para establecer si es un acto voluntario o no" ([*We are thus led to a liberal doctrine which, in its immediate effects, can be confused with paternalism, but which is essentially quite different from it, namely that the state has the right to prevent self-regarding harmful conduct when but only when it is substantially non-voluntary, or when temporary intervention is necessary to establish whether it is voluntary or not.*"]; loc. cit., p. 126). En casos de "una sola parte" ("*single-party' cases*"), siendo el suicidio el ejemplo más importante, Feinberg rechaza la criminalización ya que "un comportamiento absolutamente voluntario y concerniente a sí mismo no es asunto del derecho penal" ([*self-regarding and voluntary behavior is none of the criminal law's business*"]; loc. cit., p. 143). En casos de "dos partes" ("*two-party' cases*"), i.e., donde el daño es causado por un autor, pero la víctima lo consintió, se aplica la misma regla si el consentimiento fue dado libremente (véase loc. cit., ch. 23-26, ocupándose de las posibles formas de insuficiencia en el consentimiento: fuerza coercitiva, ofertas coercitivas, creencias defectuosas e incapacidad). Véase sobre el paternalismo legal también von Hirsch (supra

y el moralismo jurídico[65] como justificaciones de la penalización. En cuanto a "dañar a otros", FEINBERG distingue entre dos conceptos de daño[66]: daño como "frustrar, entorpecer o derrotar un interés" (*"thwarting, setting back, or defeating of an interest"*)[67], o bien, como el retroceso *ilícito* de un interés[68]. Así, si bien es necesario algún efecto sustancial adverso en las cosas que representan nuestro bienestar[69], solo las lesiones ilícitas deben ser prohibidas por el derecho penal[70]. La ilicitud (*"wrongfulness"*) se define de la siguiente manera: "Una persona lesiona a otra cuando su indefendible (injustificable e inexcusable) conducta viola el derecho de los demás..."[71], es decir, el agresor debe lesionar el derecho del agredido, los intereses de este último resultan así –en

---

nota 18), p. 21; SIMESTER y VON HIRSCH (supra nota 63), pp. 141 ss.; SEHER (supra nota 18), pp. 51-52 (enfoque diferenciado).

[65] FEINBERG, *Harmless Wrongdoing* (supra nota 61). Para una buena discusión de las diferentes formas de moralismo véase SEHER (supra nota 18), pp. 52-54 (argumentando que los principios morales en un "estado impuro", i.e., protegiendo valores morales con miras a la prevención de consecuencias dañinas, pueden justificar la criminalización anticipada de conductas aún no dañinas, i.e., una criminalización del llamado *"Vorfeld"*). SWOBODA (supra nota 13), p. 39, sostiene que el enfoque de FEINBERG es "más honesto" que el alemán de invocar amplios *Scheinrechtsgüter* (infra nota 112) que solo ocultan que, en realidad, la criminalización se basa en cierta moral pública.

[66] Aquí me refiero básicamente a FEINBERG, *Harm to Others* (supra nota 61), pp. 31-64.

[67] FEINBERG, *Harm to Others* (supra nota 61), p. 33.

[68] FEINBERG, *Harm to Others* (supra nota 61), p. 34.

[69] SIMESTER y VON HIRSCH (supra nota 63), p. 36.

[70] Véase el requisito de ilicitud con respecto al principio de lesividad (supra nota 63).

[71] FEINBERG, *Harm to Others* (supra nota 61), p. 34 (*"One person wrongs another when his indefensible (unjustifiable and inexcusable) conduct violates the other's right"*). FEINBERG se refiere aquí a los derechos morales. Un derecho moral es un "reclamo dirigido contra los demás ciudadanos antes e independientemente de cualquier demanda de aplicación en contra del Estado" ([*"a claim directed against one's fellow citizens prior to and independent of any claim of enforcement against the state"*]; loc. cit., p. 111). Es una "demanda [...] dirigida a la conciencia de la opinión pública" ([*"a claim [...] addressed to the conscience of the claimee or to public opinion"*]; loc. cit., p. 110). FEINBERG explica que *cualquier interés* (además de aquellos enfermos y malvados) es la base de un derecho moral; pero solo intereses de bienestar también son la base de derechos legales (loc. cit., p. 112).

el sentido del mencionado *"setting back"*– desplazados. Este es el "sentido normativo" que el término debe tener "en cualquier formulación plausible del principio del daño"[72]. Por lo tanto, el requisito de ilicitud añade peso normativo al de otro modo meramente instrumental y naturalista principio del daño; se convierte en un principio que "se refiere a acciones ilícitas que conducen al daño"[73]. Aunque, por supuesto, los efectos de la correspondiente conducta deben tomarse en cuenta, el entendimiento del daño en FEINBERG es, sin duda, más deontológico que utilitario, centrándose más en la naturaleza de la conducta que en sus consecuencias.

FEINBERG sugiere que el proceso de evaluar si se ha producido un daño comienza con "un punto de partida o referencia desde el cual el avance o retroceso [del interés] es trazado y medido"[74]. En consecuencia, la producción o ausencia del daño siempre dependerá de la posición original de la persona posiblemente dañada, y el daño se convierte así en una "noción relativista": "si uno es dañado a causa de un evento, este se determina en relación a donde estaba antes, según si su posición ha mejorado o retrocedido"[75]. No obstante, el concepto base también puede ser entendido en un sentido no relativista, esto es, que uno es dañado solo cuando el propio interés se sitúe por debajo de la línea central, y por lo tanto es puesto en una "condición de

---

[72] FEINBERG, *Harm to Others* (supra nota 61), p. 34 (*"normative sense"* ... *"in any plausible formulation of the harm principle"*)

[73] SIMESTER y VON HIRSCH (supra nota 63), p. 52 (*"about wrongful actions that lead to harm."*); pero véase en delitos independientes del daño, ibid., pp. 50-1.

[74] FEINBERG, *Harm to Others* (supra nota 61), p. 53 (*"a starting point or 'baseline' from which the direction of advance or retreat [of the interest] is charted and measured"*).

[75] FEINBERG, *Harm to Others* (supra nota 61), p. 54 (*"whether one is harmed by an event is determined by reference to where he was before, and whether his position has improved or regressed"*).

menoscabo"[76]. FEINBERG emplea un total de ocho verbos para expresar las formas de daño[77].

JOSEPH RAZ concibe el principio del daño como la "única base justificable para la interferencia coercitiva con una persona"[78] y lo relaciona con sus conceptos de libertad y autonomía, calificándolo de un "principio de la libertad"[79]. La relación se puede explicar de la siguiente manera: si la autonomía consiste en tener ciertas opciones y oportunidades y la posibilidad de usarlas, cualquier acción que prive a una persona de estas oportunidades o de su capacidad de utilizarlas es una forma de causar un daño a esta persona. Así, el daño consiste en la reducción de las oportunidades y por ende en la reducción de la autonomía y consiguiente libertad (entendido cualitativamente, como será explicado en un momento abajo)[80]. De hecho, el enfoque de RAZ en la autonomía de las personas prepara un terreno para un principio independiente, que podría denominarse principio de autonomía o principio de no injerencia. RIPSTEIN lo ha llamado "principio de soberanía" ("*sovereignty principle*")[81]. Por tanto, las libertades individuales de todos pueden compatibilizarse de la siguiente manera:

---

[76] FEINBERG, *Harm to Others* (supra nota 61), p. 54 („*harmed condition*").

[77] FEINBERG, *Harm to Others* (supra nota 61), pp. 51-55 (51: "Los actos [...] que dañan a las personas se han predicado (alternativamente) respecto de aquellos que (1) violan, (2) invaden, (3) ponen en peligro, (4) hacen retroceder, (5) someten, (6) reprimen, (7) impiden, y (8) condenan sus intereses" [„*The acts [...] that harm people have been said (alternatively) to be those that (1) violate, (2) invade, (3) impair, (4) set back, (5) defeat, (6) thwart, (7) impede, and (8) doom their interests.*"]).

[78] RAZ (supra nota 54), p. 413 ("*only justifiable ground for coercive interference with a person*").

[79] RAZ (supra nota 54), p. 413 ("*principle of freedom*").

[80] RAZ (supra nota 54), p. 413.

[81] RIPSTEIN, "Beyond the Harm Principle", *Phil. & Pub. Aff.* 34 (2006), pp. 215-245.

"cada persona tiene derecho a utilizar sus propias facultades como él o ella estime conveniente, de manera consecuente con la capacidad de otros para hacer lo mismo. La coherencia se logra a través de la conjunción de ideas de no injerencia y cooperación voluntaria. Nadie está autorizado a utilizar o dañar los medios o facultades de otra persona sin su permiso. Si todos se abstienen en este sentido, cada persona es independiente de todos los demás"[82].

Por lo tanto, es un error criminalizar una conducta que no interfiere en forma relevante con la igual libertad de los demás. El evidente problema de estos conceptos basados en la autonomía, o en la libertad, es que adolecen de una falta de precisión en relación con los mismos conceptos (autonomía, libertad) que pretenden defender. Mientras uno puede estar de acuerdo con RIPSTEIN en que el "único motivo para interferir con la capacidad de una persona para establecer y perseguir sus propios fines es la necesidad de proteger la libertad de otros"[83], esta declaración clama por una respuesta a la pregunta sobre dónde termina la propia libertad y comienza la de los demás. Más importante aun, cualquier concepto basado en la autonomía está *per definitionem* basado en la existencia de la autonomía y el libre albedrío de aquellos a quienes pretende proteger. Por tanto, las personas que carecen de autonomía, por ejemplo, los niños muy pequeños o personas con defectos cognitivos, no están cubiertos por el principio, a pesar de que tienen una necesidad especial de protección[84]. Esto es

---

[82] RIPSTEIN (supra nota 81), p. 233 (*"each person is entitled to use his or her own powers as he or she sees fit, consistent with the ability of others to do the same. The consistency is achieved through the joint ideas of noninterference and voluntary cooperation. No one is allowed to use or damage another person's means without his or her permission. If everyone forbears from doing these things, each person is independent of all the others"*).

[83] RIPSTEIN (supra nota 81), p. 245 (*"only ground for interfering with one person's ability to set and pursue his or her own purposes is the need to protect the freedom of others"*).

[84] Para esta y otras críticas véase TADROS (supra nota 36), pp. 59-64. TADROS mismo propone un "principio más complejo" [*"a more complex principle"*], o sea, "uno que permita

válido en todo caso cuando se entiende la autonomía –en un sentido exigente (como posiblemente hace Raz)– como la capacidad de ser un legislador para sí mismo, por contraposición al concepto natural de libertad como libre arbitrio[85]. Pues esta última existe en cada ser humano (con independencia de su capacidad para reglar su propia conducta) y por lo tanto siempre puede ser lesionada.

En cualquier caso, si bien la interpretación original y estrecha del daño se refiere a la *comisión* real de delitos ("perjudiciales para los demás"), es decir, a una violación concreta de derechos con el consiguiente daño (primario) tangible (yendo más allá del principio del bien jurídico), está hoy en día fuera de toda controversia que el principio del daño también se satisface si solo se provoca un riesgo de daño (*"risk to harm"*)[86]. De este modo FEINBERG extiende el principio a la conducta penal esperada, discutiendo la creación real de un *riesgo de dañar a otros* como posible conducta prohibida penalmente[87].

---

criminalizar una conducta solo bajo la condición de que la conducta sea lesiva, o que la penalización de la conducta prevendría el daño, o si la penalización protegería a la gente en contra de interferencias a su soberanía" ([*"one that permits criminalization of conduct only on condition that the conduct is harmful, or that criminalization of the conduct would prevent harm, or that criminalization would protect people against having their sovereignty interfered with"*], p. 64), pero de hecho solo combina los principios de daño y de soberanía que considera, por sí solo, insuficiente por razones prácticas y normativas ("dos fuentes importantes de demandas morales que carecen de un único fundamento" [*two important sources of moral demand that lack a single foundation"*], p. 64). Pero si ambos principios, por sí solos, "proveen fuentes independientes de legitimación para las prohibiciones penales" ([*„provide independent sources of legitimate criminal prohibitions"*], p. 65), ¿por qué entonces no es suficiente complementar el principio de daño con el de soberanía?

[85]   Sobre esta distinción kantiana cfr. Zaczyk, *Das Unrecht der versuchten Tat* (Nomos, Baden-Baden, 1989), pp. 130 ss. (137 ss.); le sigue MURMANN, *Die Selbstverantwortung des Opfers im Strafrecht* (Springer, Heidelber, 2005), pp. 167 ss. (169).

[86]   SIMESTER y VON HIRSCH (supra nota 63), p. 44 ("Derechamente candidatos a prohibición…" [*"Straightforward candidates for prohibition…"*]).

[87]   FEINBERG, *Harm to Others* (supra nota 61), p. 190: "La aplicación legislativa del principio del daño también debe basarse en generalizaciones empíricas relativas a los posibles efec-

Feinberg hace un llamado al legislador a tener en cuenta tres factores, si es que va a penalizar la creación de un riesgo: la magnitud del daño posible, su probabilidad, y el "valor independiente de la conducta creadora de riesgo"[88]. Para las situaciones en las que la conducta respectiva "no es ni totalmente inofensiva, ni directa y necesariamente dañina (...), pero que en algún grado crea un peligro"[89], Feinberg propone varias "reglas de oro" para el legislador[90]. Andrew von Hirsch ha llamado a este ejercicio

---

tos de intereses estándar protegidos de varios tipos estándar de acciones peligrosas. El daño a intereses estándar debe ser prevenido prohibiendo acciones que probablemente los invaden, pero ¿cuán probable debe ser el daño si justificará una prohibición penal?" (*"The legislative application of the harm principle must also be based upon empirical generalizations about the likely effects on protected standard interests of various standard kinds of threatening actions. Harm to standard interests must be prevented by prohibiting actions that are likely to invade them, but how probable must the harm be if it is to justify criminal prohibition?"*). Véase también von Hirsch (supra nota 18), p. 15; Ormerod (supra nota 11), p. 15; crítico, refiriéndose a la definición de Feinberg, Ashworth (supra nota 11), p. 28; Fletcher (supra nota 11), p. 39; Kahlo (supra nota 16), p. 32.

[88] Feinberg, *Harm to Others* (supra nota 61), p. 191: "El concepto importante para el legislador, entonces, no es ni la magnitud del daño ni la probabilidad de dañar por sí solos, sino la suma de ambos, que se llama riesgo [...]. El tercer factor crucial es el *valor independiente de la conducta creadora de riesgo*, tanto para el autor como para otros directamente afectados por él, y para la sociedad en general" (*"The important concept for the legislator, then, is neither magnitude of harm nor probability of harm alone, but rather the compound of the two, which is called risk [...]. The crucial third factor is the* independent value of the risk-creating conduct *both to the actor himself, to others directly affected by it, and to society in general."* [enfasis del autor]). Véase también loc. cit., p. 192 (a favor de una protección penal de "personas con extrañas vulnerabilidades [...] contra intentos deliberados y maliciosos de explotar su especial debilidad..." [*"[P]ersons with rare vulnerabilities [...] against deliberate and malicious attempts to exploit their special weaknesses..."*]), p. 195 (prohibición de "prácticas generalmente peligrosas como la posesión de armas de fuego [...] para todos menos algunos pocos excepcionales que pueden ponerle el hombro al peso de probar su especial necesidad y competencia" [*"generally dangerous practice [like handgun possession] [...] for all except an exceptional few who can shoulder the burden of proving their own special need and competence"*]).

[89] Feinberg, *Harm to Others* (supra nota 61), p. 216 ("... neither perfectly harmless nor directly and necessarily harmful ... but does create a danger to some degree").

[90] Feinberg, *Harm to Others* (supra nota 61), p. 216: "a. cuanto mayor la gravedad de un posible daño, menor la necesidad de su probabilidad de ocurrencia para justificar la prohibición [...]; b. cuanto mayor la probabilidad del daño, menor la necesidad de gravedad

el "estándar de análisis de daños" (*"Standard Harms Analysis"*),
que consta de tres pasos: 1) considerar la gravedad del eventual
daño y su probabilidad, 2) ponderar en contra el valor social de
la conducta y la restricción de la libertad del actor por una posible penalización, y 3) tomar en cuenta ciertas restricciones cola-
terales de la penalización, por ej., la infracción de los derechos de
privacidad y a la libertad de expresión[91].

Douglas Husak sigue a Feinberg no solo en su enfoque deontológico del daño, centrado en la conducta, sino también en la
ampliación del principio del daño a la prevención del riesgo de
daño[92]. Su propuesta intenta perfeccionar el principio del daño
extendido en tal modo y, sobre todo, formula cuatro requisitos
copulativos con el fin de restringir la penalización: 1) la conducta
prohibida debe crear un "riesgo sustancial"[93], 2) la prohibición
debe lograr una "prevención eficaz"[94], 3) el daño consumado

---

del daño para justificar la coerción; c. cuanto mayor la magnitud del riesgo de dañar, éste
compuesto por gravedad y probabilidad, menos razonable es la aceptación del riesgo; d.
cuanto más valiosa (útil) es la conducta peligrosa (...) más razonable es tomar el riesgo de
las consecuencias dañinas (...); e. cuanto más razonable es el riesgo de dañar (el peligro),
más débil es el caso que prohíbe la conducta (...)" (*"a. the greater the gravity of a possible
harm, the less probable its occurence need be to justify prohibition (...); b. the greater the probability of harm, the less grave the harm need be to justify coercion; c. the greater the magnitude of the
risk of harm, itself compounded out of gravity and probability, the less reasonable it is to accept the
risk; d. the more valuable (usful) the dangerous conduct (...) the more reasonable it is to take the
risk of harmful consequences (...); e. the more reasonable the risk of harm (the danger), the weaker
is the case for prohibiting the conduct (...)"*.).

[91] Von Hirsch, "Extendiendo el principio del daño: daños 'remotos' e imputación justa",
en Simester y Smith (ed.), *Harm and Culpability* (reimpreso en 2003, Clarendon Press,
Oxford, 1996), pp. 259-276, p. 261; véase también Simester y von Hirsch (supra nota 63),
pp. 54-6.

[92] Husak, *Overcriminalization – The Limits of Criminal Law* (oup, Oxford, 2008), p. 159 ("El
derecho penal es apropiadamente utilizado no sólo para reducir el daño, sino también
para reducir el riesgo de dañar" [„*The criminal law is appropriately employed not only to
reduce harm but also to reduce the risk of harm*"]).

[93] Husak (supra nota 92), pp. 161-162.

[94] Husak (supra nota 92), p. 162 ("la proscripción en cuestión debe realmente reducir
la probabilidad de que el daño último ocurra. Llamo a esto el 'requisito de prevención'"

también podría legítimamente haber sido prohibido ("daño consumado" ["*consummated harm*"][95]) y 4) el autor debe actuar con "cierto grado de culpabilidad"[96].

4. Combinando los principios del Rechtsgut y del daño para rescatar un derecho penal liberal

Tanto la idea del bien jurídico como el principio del daño muestran cierta afinidad, en cuanto que básicamente procuran elaborar una teoría de criminalización para distinguir "aquellas leyes penales que se justifican de aquellas que no"[97]. Ambos esfuerzos son parte de un proyecto liberal de derecho penal[98] moldeado por su carácter de *ultima ratio* (excluyendo de cualquier penalización, en particular, las faltas meramente morales) y por los bien conocidos principios fundamentales de culpabilidad, legalidad y equidad procesal. En cierto modo, se puede considerar el principio del daño como el lado negativo del bien jurídico, en el

---

["*the proscription in question must actually decrease the likelihood that the ultimate harm will occur. I call this 'the prevention requirement'*"]).

[95] Husak (supra nota 92), pp. 165-166 ("el Estado no puede proscribir conductas para reducir el riesgo de un determinado daño a menos que el Estado estuviese autorizado a prohibir conductas que intencional y directamente causan el mismo daño" ["*the state may not proscribe conduct to reduce the risk of a given harm unless the state would be permitted to proscribe conduct that intentionally and directly causes that same harm*"]). Por ejemplo, si es ilegítimo prohibir (intencional y directamente) una reducción de la productividad social, también es ilegítimo basar una prohibición de las drogas en un supuesto riesgo para la productividad".

[96] Husak (supra nota 92), p. 174 (esto "impide una responsabilidad de personas que crean un riesgo de dañar a menos que tengan algún grado de culpabilidad por el daño en definitiva arriesgado" ["*who create a risk of harm unless they have some degree of culpability for the ultimate harm risked*"]).

[97] Husak (supra nota 92), p. 3.

[98] Véase en este sentido la definición de Feinberg de liberalismo referida a la "prevención del daño y de delitos" ["*harm and offense prevention*"] como "lejos las mejores razones (…) en favor de prohibiciones criminales" ([*"far and away the best reasons (…) in support of criminal prohibitions"*]; *Harmless Wrongdoing* [supra nota 61], p. 323).

sentido de que expresa el resultado sustancial y tangible de una violación del bien y las exigencias a la respectiva conducta dañosa. De hecho, el relato histórico de daño social (*"Sozialschädlichkeit"*) como base empírica y naturalista de cualquier teoría de la delincuencia (basada en la teoría del pacto social[99]) –antes de su actual "idealización" o "normativización" por medio de teorías legales (como las teorías de la violación de derechos y del bien jurídico[100])– parece confirmar esta interpretación. Por otro lado, el concepto de bien jurídico puede contribuir al contenido normativo del principio del daño, puede "materializar" o "normativizar" el principio con respecto a los bienes jurídicos como su objeto de referencia. En otras palabras, el principio del *Rechtsgut*, si se encuentra lo suficientemente desarrollado como una teoría normativa, puede responder a la pregunta sobre qué tipo de daño debe ser prohibido por la ley penal y, por tanto, puede ayudar a encontrar una noción razonable de daño penalmente relevante[101]. En efecto, tal daño puede ser definido como la violación real o potencial de intereses o bienes socialmente relevantes y reconocidos por la Constitución[102], es decir, como daños a los

---

[99]   Cf. Amelung (supra nota 13), p. 10 (argumentando que el *"Sozialschädlichkeit"* constituye el *"Grundprinzip jeder rationalen Strafrechtslehre"*); sobre las raíces comunes del *"harm principle"* y el concepto del bien jurídico en este sentido también Roxin, supra nota 16, 575. Sobre las raíces históricas de la teoría del daño social como parte y consecuencia de las teorías del contrato social y de la filosofía de la Ilustración desde mediados del siglo XVIII, véase Naucke (supra nota 16), pp. 269 ss.; véase también Hefendehl (supra nota 13), pp. 10-11, con sus respectivas referencias. Véase también infra nota 112.

[100]   Véase supra nota 13.

[101]   En contraste, complementando el concepto de *Rechtsgut* con el "principio de lesividad" [*"offense principle"*] (en esta línea von Hirsch [supra nota 18], pp. 22-24; Seher [supra nota 18], pp. 49-51) no parece ser un camino promisorio dadas las cuestiones del trazado de línea mencionado más arriba (supra nota 63) y el hecho de que este principio tampoco responde las cuestiones normativas subyacentes.

[102]   En una línea similar Eser (supra nota 60), p. 413: "prejuicio actual o potencial a intereses fácticos (…) social o constitucionalmente reconocidos" [*"actual or potential prejudice to socially and constitutionally recognized […] factual interests"*], quien entiende el "bien jurídico" en un sentido dualista (pp. 376, 395, 412) compuesto de un "sustrato sociológico"

intereses[103] o valores detrás de los bienes jurídicos. Por lo tanto, una teoría normativa del bien jurídico así entendida otorga substancia al de otro modo vacío (¿daño a qué?) principio del daño[104]. Podría sostenerse que es este potencial de "materialidad" el que explica por qué algunos consideran que el concepto de bien jurídico es más elaborado que el principio del daño[105].

En cualquier caso, el *potencial* liberal de ambos conceptos no debe inducirnos a pasar por alto el hecho de que ellos no han impedido que en el derecho penal moderno se desarrollen y florez-

---

["*sociological substratum*"] (es decir, un interés legal fáctico) basado en ciertos valores (constitucionalmente arraigados) (pp. 376-382, 394-938) normalmente provistos por un orden legal constitucional (pp. 398-407).

[103] La referencia a intereses (legales) ya se encuentra en MILL (supra nota 34), citando a HARCOURT , en BINDING (como "*Interessen des Rechts*" ["intereses del derecho"], supra nota 14) y VON LISZT (supra nota 15), aunque aquí se sigue la comprensión de VON LISZT, relativa a intereses que se descubren empíricamente y se hallan socialmente legitimados, y no que simplemente han sido establecidos por ley. Fue más tarde usualmente repetido, e.g. por FEINBERG (supra notas 67 s. con texto principal) y en § 1.02 del Modelo de Código Penal referido al "daño a intereses individuales o públicos" ("*harm to individual or public interests*"). Véase también STRATENWERTH (supra nota 18), pp. 379-380; VON HIRSCH (supra nota 18), pp. 16-18 (violación de un interés en el sentido de un recurso perteneciente como un derecho a una persona y en cierta medida similar al *Rechtsgut*); SEHER (supra nota 18), pp. 46-48. Sin embargo, el recurso al "interés" para definir el concepto de *Rechtsgut* ha sido criticado puesto que el "interés" solo expresa cierto valor que merece ser protegido sin constituir en sí mismo un "algo" ("*Etwas*") material que puede ser violentado (STRATENWERTH [supra nota 18], p. 380; conc. HEFENDEHL [supra nota 13], pp. 30-31). Mientras esta crítica formalmente acertada, de hecho, ya ha sido avanzada de manera similar por BIRNBAUM (supra nota 13), espec. pp. 180-183, respecto al concepto de "derecho" en la "teoría de derechos" de FEUERBACH, opuesto al "bien" en su subsecuente "teoría de los bienes" (supra nota 13), no debería ser exagerado, ya que ambos conceptos ("*Rechtsgut*" e "interés") son ambiguos y al menos en la discusión angloamericana el uso extendido del "interés" normalmente abarcaría los objetos tangibles de estos intereses. Adicionalmente, no se debe omitir que el "*Rechtsgut*" también va más allá de meros objetos tangibles, como lo demuestra la discusión acerca de la diferencia entre el "*Rechtsgut*" y el "*Handlungsobjekt*" (objeto físico de la respectiva conducta): véase e.g. HEFENDEHL (supra nota 13), pp. 39-41.

[104] En el vacío de un "simple principio del daño" ["*simple harm principle*"] que ignora cualidades morales, véase HARCOURT (supra nota 35), pp. 183, 187.

[105] Véase FLETCHER (supra nota 11), pp. 40-41; DUBBER (supra nota 35), pp. 501 ss.

can tendencias notoriamente antiliberales. De hecho, tomando en cuenta la crítica antes mencionada en cuanto a la ambigüedad y "vacío" normativo de ambos conceptos, es justo decir que son lo suficientemente elásticos como para justificar la criminalización de casi cualquier conducta[106]. En este contexto, no es para nada sorprendente que los conceptos puedan no haber prevenido, o que incluso puedan haber provocado, la extensión del derecho penal a zonas enteras de regulación especial (por ej., el derecho penal económico y ambiental)[107] y a una amplia gama de ofensas del orden público, desde conductas sexuales (por ej., la prostitución y la homosexualidad) hasta el consumo de drogas[108]. Los conceptos se han ampliado para cubrir el riesgo de daño[109], el daño indirecto[110] o el mero peligro (abstracto) a bienes jurídicos (colectivos)[111], alcanzando así actos simplemente preparatorios

---

[106] Véase para la respectiva crítica relativa al principio del daño, von Hirsch (supra nota 91), pp. 259-260; Husak (supra nota 92), p. 103; respecto al principio del *Rechtsgut* von Hirsch y Wohlers (supra nota 22), pp. 196-197 (respecto a delitos de drogas); Stuckenberg (supra nota 19), pp. 657-658 ("tendencia antiliberal"). Hasta aquí Krüger identifica un tipo de "desmaterialización" (*"Entmaterialisierung"*) del concepto de *Rechtsgut* (*Die Entmaterialisierungstendenz beim Rechtsgutsbegriff* [Duncker & Humblot, Berlin, 2000]).

[107] Véase Krüger (supra nota 106), pp. 20 ss., 40 ss., 45 ss., 50 ss., refiriéndose al derecho penal económico y medioambiental, el derecho penal del tráfico vial y contra el crimen organizado.

[108] Véase para el secuestro del principio del daño en Estados Unidos desde la década de 1980 para justificar la criminalización de un amplio espectro de conductas (desde la pornografía hasta el uso de drogas), Harcourt (supra nota 35), pp. 139-181; invocando un concepto de bien jurídico absolutamente sin contornos con respecto a la criminalización del *doping* recientemente Timm, "Die Legitimation des strafbewehrten Dopingverbots", *GA* 2012, 733 ss.

[109] Véase supra nota 86 con el texto principal.

[110] Para una buena definición y ejemplos centrados en la contingencia del daño, von Hirsch (supra nota 91), pp. 260-261, 263-265; Simester y von Hirsch (supra nota 63), pp. 46-7, 53-4, 57-9, 75-88. Esto demuestra la similitud con los delitos de peligro abstracto (supra nota 22); von Hirsch también lo da como ejemplo (supra nota 91), pp. 263-264; Simester y von Hirsch, loc. cit., pp. 75-9.

[111] Véase supra nota 22 ss. (también en los relacionados delitos de peligro).

y/o peligrosos, y por tanto, en última instancia, criminalizando conductas que solo se presumen peligrosas para la sociedad[112]. Sin duda, el movimiento desde una comprensión crítica liberal de conceptos hacia la justificación de una agenda de políticas públicas antiliberal solo puede revertirse si sus dimensiones normativas subyacentes[113] –los principios legitimadores de la criminalización[114]– son redescubiertas, aclaradas y luego convertidas

---

[112] Por supuesto, esta tendencia desplaza el alcance de protección del derecho penal desde bienes (legales) tangibles a meros *Scheinrechtsgüter* (bienes legales aparentes, e.g. la "salud de las personas" o la "paz social") cuyo único propósito es proteger normas de conducta, predicadas en un supuesto consenso normativo relativo a los valores que pretenden proteger (sobre ellos, con referencia a Alemania, Chile y España, HEFENDEHL, "Die Rechtsgutslehre und der Besondere Teil des Strafrechts", ZIS 2012, 506). Pero, incluso si ese consenso existiera, derechos minoritarios pueden de todas formas impedir una aplicación irrestricta por medio del *derecho penal* (para una crítica de estos *Scheinrechtsgüter* y otras hipostatizaciones véase AMELUNG [supra nota 30], pp. 171-176; también HEFENDEHL [supra nota 13], pp. 33-39 y [supra nota 17], pp. 128-129; ROXIN [supra nota 11], § 2 nm. 10, 67 y 75-80; id., supra nota 16, 580; VORMBAUM [supra nota 16], pp. 675-676). El requisito de un consenso social para justificar el derecho penal (véase ya STRATENWERTH [supra nota 23]) se acerca a las teorías de *Sozialschädlichkeit* (dañosidad social) que ven la función del derecho penal en mantener y reafirmar cierto orden social cuya cohesión es puesta en riesgo mediante la comisión de delitos: véase por un lado a SCHÜNEMANN (supra nota 17) "Rechtsgüterschutzprinzip", pp. 137-141, argumentando, en línea con una concepción liberal y restrictiva del *Rechtsgut* sobre la base de una teoría del contrato social, que la única función del derecho penal es prevenir el daño social con respecto a "los bienes naturales o socialmente producidos de los miembros de una sociedad" [*"natürlichen oder gesellschaftlich geschaffenen Gütern der Gesellschaftsmitglieder"*]; en una línea similar ROXIN (supra nota 11), § 2, mn. 7-8; *id.*, supra nota 16, 590. Por otro lado, véase AMELUNG (supra nota 13), pp. 350-395 (367, 388-393) y (supra nota 30), p. 182, sosteniendo, sobre la base de la teoría de los sistemas sociológicos de Parsons y con una intención de complementar el concepto de *Rechtsgut*, que los delitos afectan "condiciones organizacionales del vivir en comunidad de los seres humanos" [*"organisatorischen Bedingungen menschlichen Zusammenlebens"*] y así, el castigo penal es necesario para proteger estas condiciones; sin embargo, él mismo se da cuenta de que los "límites liberales" de su teoría con vistas a la posición de una persona basada en la dignidad humana y la libertad general. Por tanto, y nada sorprendente, el potencial crítico y normativo de esta teoría se deriva de un concepto filosófico y antisistémico, puesto que un "enfoque sistémico" no provee de ningún contenido normativo (en una línea similar SWOBODA [supra nota 13], pp. 42-43).

[113] En la identificación de estas dimensiones normativas subyacentes en MILL y sobre todo FEINBERG, véase HARCOURT (supra nota 35), pp. 187-192.

[114] Véase SEHER (supra nota 18), pp. 45-56 y supra nota 19 con texto principal.

en directrices más concretas para una política criminal racional[115]. El nuevo curso hacia criterios de imputación justa, desarrollado particularmente por la teoría de la imputación objetiva,
puede ayudar a una nueva "normativización" de conceptos ya
que, en último término, los delitos se han de aplicar a conductas
humanas y estas son imputables a un agente humano[116]. Además, una mirada retrospectiva a la génesis histórica de ambos
conceptos puede revelar aspectos normativos y consideraciones
que pueden contribuir a la necesaria "renormativización" de los
principios a la luz de la realidad actual. Así, por ej., la fusión de
la teoría decimonónica de los "derechos" y los "bienes" en la teoría del bien jurídico [117] puede proporcionar un modelo para una
fusión moderna de la teoría del *Rechtsgut* y las teorías constitucionales y de derechos humanos[118]. A partir de ello puede surgir

---

[115] Para ejemplos de dichas directivas basadas en un concepto de *Rechtsgut* liberal y restrictivo, excluyendo un número de criminalizaciones, véase Roxin (supra nota 11), § 2
mn. 13-50; id., supra nota 16, 579 s.

[116] Para un tal enfoque muy útil en la elaboración de criterios de imputación justa, con
respecto a delitos de peligro (supra nota 91), véase von Hirsch y Wohlers (supra nota
22), pp. 200-214, con sus referencias adicionales. Sobre la importancia de una teoría de
imputación en este contexto véase también von Hirsch (supra nota 91), pp. 265-271;
Simester y von Hirsch (supra nota 63), pp. 59-65; Frisch (supra nota 18), pp. 226-227,
pp. 228-231 (aunque advirtiendo que dicha teoría sólo responde la pregunta de si cierta
conducta puede ser calificada como ilícita, pero no si merece alguna pena); Roxin, supra
nota 16, 589; véase también Wittig, "Rechtsgutstheorie, 'Harm Principle' und die Ab-
grenzung von Verantwortungsbereichen", en Hefendehl *et al.* (supra nota 16), pp. 239-
243, 240-243 (argumentando correctamente que la legitimidad de la criminalización no
solo depende de las consecuencias externas de un delito penal, sino también de criterios
de imputación, particularmente de la delimitación de las esferas de responsabilidad del
autor y de la víctima).

[117] El proceso histórico descrito más arriba (supra nota 13) puede ser interpretado en su
forma dialéctica considerando la teoría del *Rechtsgut* como la síntesis de las teorías de los
derechos y de los bienes; en una línea similar Vormbaum (supra nota 15), pp. 110-111.

[118] Para una fusión de la antigua teoría de la violación de derechos (supra nota 13) y la
teoría del *Rechtsgut* véase Vormbaum (supra nota 15), p. 117 con n. 68. La teoría de los
derechos, sin embargo, debe ser "actualizada" y protegida de abusos (crítico en el tratamiento igualitario de los derechos hecho por los Nazis y la teoría del *Rechtsgut* Amelung
[supra nota 31], p. 160), al recurrir a los estándares de los derechos civiles y humanos.

un llamado a la normativización de la teoría del bien jurídico (y por tanto del principio del daño), con miras a la protección de los ciudadanos de la violación por parte del Estado de sus derechos civiles o humanos fundamentales. Esto no es sino la consecuencia de la creciente "constitucionalización" del derecho penal que, de otro modo, como hemos visto anteriormente[119], opera solo a expensas de la teoría del bien jurídico.

III. ¿Un traslado al derecho penal internacional?

Si pasamos ahora a una posible transferencia de estos conceptos al nivel internacional parece, en primer lugar, ser bastante obvio que las preocupaciones con respecto a la sobrecriminalización, tan frecuente en los debates nacionales, no son particularmente relevantes en un contexto de DPI. Esto tiene que ver con la limitada y, al mismo tiempo, focalizada materia jurisdiccional de este ámbito del derecho. El DPI se distingue de la legislación penal interna no solo en su campo (universal) de aplicación, sino de un modo mucho más elemental, a saber, que se limita a la pro-

---

En esta línea véase Roxin (supra nota 11), § 2 mn. 7, 11, 50, 92, e id., supra nota 16, 577-579, quien se centra en el individuo y su derecho a la autorrealización, consagrado en los derechos constitucionales, y está de acuerdo, en principio, con una revisión constitucional del concepto de *Rechtsgut*. Lagodny (supra nota 30), p. 87, habla de la "función direccional de los derechos constitucionales" ("*kriminalpolitischen Richtlinienfunktion der Grundrechte*"). Frisch (supra nota 18), pp. 231-238, aunque crítico de los enfoques teóricos hechos hasta ahora, también invoca consideraciones constitucionales, a saber, la necesidad ("*Erforderlichkeit*") y la conveniencia ("*Angemessenheit*"), como los criterios más importantes para evaluar la legitimidad de la criminalización. Seelmann (supra nota 19), pp. 262-267, invoca la teoría de Hegel del reconocimiento mutuo de las personas ("*Anerkennungsverhältnis*") de la cual la degradación de otro en su condición de persona es una razón fundamental de criminalización. Hörnle (supra nota 18), pp. 18-19, 43 ss. (68-69), quiere "materializar" el concepto de *Rechtsgut* "desde abajo" ("*von unten materialisieren*", p. 18) recurriendo a los derechos constitucionales, especialmente la libertad general de acción en su interacción con los derechos de los demás (crítico Swoboda [supra nota 13], p. 41).

[119] Supra nota 24 ss. y el texto principal.

tección de *bienes jurídicos fundamentales* y a la prevención de un daño *real* a estos bienes jurídicos. Esta limitación a los valores e intereses *fundamentales* y, al mismo tiempo, universales, explica la fuerza de la pretensión de legitimidad del DPI: en él no hay lugar para un desafío relativista[120].

Por otro lado, el DPI tiene, como se explicó anteriormente en relación con la cuestión del *ius puniendi*[121], un *alcance colectivo-individualista* con respecto a la paz mundial/seguridad internacional y los derechos civiles/humanos fundamentales. La pretensión de existencia y validez del DPI se basa en este alcance colectivo-individualista y sirve como base normativa del *ius puniendi* supranacional. El enfoque colectivo-individualista también se aplica, en principio, a la función general del DPI y los bienes, valores o intereses protegidos por los crímenes internacionales, pero puede requerir de cierta calificación. Por un lado están los *intereses colectivos o complejos*, es decir, la paz, la seguridad y el bienestar mundial, deben estar protegidos. La violación de estos intereses afecta a la "comunidad internacional en su conjunto" y está dirigida contra la humanidad como tal[122]. Este

---

[120]   Véase en un sentido similar por ejemplo PERRY, "Are Human Rights Universal? The Relativist Challenge and Related Matters", *Human Rights Quarterly* 19 (1997), pp. 461-509 (471: "La similitud de los seres humanos en algunos aspectos apoya generalizaciones, tanto de lo que es bueno como de lo que es malo, no solo respecto de algunos seres humanos, sino respecto de todos los seres humanos" ["*Human beings are all alike in some respects that support generalizations both about what is good and about what is bad, not just for some human beings, but for every human being*"]); Bielefeldt, *Philosophie der Menschenrechte* (Wissenschaftliche Buchgesellschaft, Darmstadt, 1998), pp. 10 ss. (12-13), 17, 115 ss., 145 ss. (identificando un núcleo de consenso intercultural); FISHER, *Moral Accountability and International Criminal Law* (Routledge, London, New York, 2012), p. 61.

[121]   AMBOS (supra nota 1).

[122]   Vease WERLE, *Völkerstrafrecht* (MOHR SIEBECK, Tübingen, 3ª ed. 2012) mn. 93 ss.; Triffterer, "Der lange Weg zu einer internationalen Strafgerichtsbarkeit", *ZStW* 114 (2002), pp. 321-371, p. 342; NEUBACHER, *Kriminologische Grundlagen internationaler Strafgerichtsbarkeit* (MOHR SIEBECK, Tübingen, 2005), pp. 100 ss.; AMBOS, "Möglichkeiten und Grenzen völkerrechtlichen Rechtsgüterschutzes", en NEUBACHER y Klein (ed.), *Vom Recht der Macht zur Macht des Rechts?* (Duncker & Humblot, Berlin, 2006), pp. 111-116 (111 ss.); CRYER, *Pros-*

enfoque en el aspecto colectivo no solo se desprende de los esta-
tutos de los tribunales penales internacionales y su apelación al
sistema colectivo de mantenimiento de la paz del capítulo VII de
la Carta de las Naciones Unidas[123], sino que también se expresa
en el elemento grupal propio del genocidio y los crímenes de lesa
humanidad, como veremos a continuación. Por otro lado, los crímenes internacionales también protegen *intereses individuales*,
en la medida en que se relacionan con derechos fundamentales
de la humanidad o derechos humanos fundamentales[124] y por lo

---

ecuting International Crimes (Cambridge University Press, Cambridge, 2005), p. 4; Cryer y
Wilmshurst, "Introduction", en Cryer et al., *An Introduction to International Criminal Law*
(Cambridge University Press, Cambridge, 2ª ed. 2010), pp. 3-21 (6-7); Melloh, *Einheitliche
Strafzumessung in den Rechtsquellen des ICC-Statuts* (Duncker & Humblot, Berlin, 2010), pp.
83, 86, 88-89. Esta dimensión de protección de intereses colectivos y supranacionales es a
veces subestimada en la literatura, por ejemplo por Lagodny, "Legitimation und Bedeutung des Ständigen Internationalen Strafgerichtshofes", *ZStW* 113 (2001) 800-826 (803), y
Gil, "Die Tatbestände der Verbrechen gegen die Menschlichkeit und des Völkermordes
im Römischen Statut des Internationalen Strafgerichtshofs", *ZStW* 112 (2000), pp. 381-397
(382).

[123]   Véase especialmente el preámbulo del Estatuto CPI referido a los "crímenes más se-
rios que conciernen a la comunidad internacional como un todo…" y reconociendo que
"crímenes tan graves que amenazan la paz, seguridad y el bienestar del mundo". Véase
de la vasta literatura Bagaric y Morss, "International Sentencing Law: In Search of a Justification and Coherent Framework", *ICLR* 6 (2006), pp. 191-255 (242 ss.); Haveman, "Su-
pranational Expectations of a Punitive Approach", en Haveman y Olusanya, *Sentencing
and Sanctioning* (Intersentia, 2006), pp. 145-160 (154); Ayat, "Justice pénale internationale
pour la paix et la reconciliation", *ICLR* 7 (2007), pp. 391-423 (394 ss.); Henham, "International Sentencing in the Context of Collective Violence", *ICLR* 7 (2007), pp. 449-468 (449
ss.); Cryer, en Cryer et al. (supra nota 122), pp. 30 ss. (33); Cornacchia, *Funzione della pena
nello Statuto della Corte Penale Internazionale* (Giuffrè Editore, Milano, 2009), pp. 136 ss.;
Safferling, *Internationales Strafrecht* (Springer Verlag, Heidelberg, 2011), p. 69, refiriéndose
a la Carta de las Naciones Unidas.

[124]   Neubacher (supra nota 122), pp. 89 ss., 113, pp. 289 ss., pp. 476 ss.; Möller, *Völkerstrafrecht und Internationaler Strafgerichtshof – Kriminologische, straftheoretische und rechtspoliti-
sche Aspekte* (Lit Verlag, Münster, 2003), pp. 419 ss.; Melloh (supra nota 122), pp. 84-86,
90; Bock, *Das Opfer vor dem Internationalen Strafgerichtshof* (Duncker & Humblot, Berlin,
2010), pp. 90 ss., 97 ss., 115-116; Safferling, *Internationales Strafrecht* (Springer, Heidelberg,
2011), p. 69, refiriéndose a derechos humanos fundamentales, particularmente con una
mirada hacia la protección de minorías.

tanto a la subyacente dignidad humana[125]. Para algunos autores, este lado individual tendría incluso una clara prioridad sobre el lado colectivo[126]. En consecuencia, el delito de genocidio protege –además de la existencia de un grupo– a cada uno de sus miembros en contra de la violación de su dignidad y sus consiguientes derechos individuales (especialmente la vida, la integridad corporal, la libertad)[127]. Los crímenes de lesa humanidad se refieren, debido a su requisito de difusión o sistematicidad, al nivel colectivo de la paz internacional y seguridad, pero también protegen a los grupos e individuos en sus derechos individuales de dignidad humana, vida, libertad, etc.[128]. Por último, pero no menos

---

[125]   Para un buen análisis de la dignidad humana como interés nacional protegido (alemán e israelí) penalmente véase Kremnitzer y Hörnle, "Human Dignity as a Protected Interest in Criminal Law", *IsLR* 44 (2011), pp. 143 ss. (distinguiendo entre violaciones a la dignidad por ofensas sin discurso –por ej., violación–, discursos de odio –por ej., negación del holocausto– y publicación de contenido mediático con escenas de humillación severa –por ej., pornografía infantil–).

[126]   Véase por ejemplo Werle (supra nota 122), mn. 89, 665, 754, 944 (diferenciando, en el en resultado afirmando la protección de derechos individuales respecto a crímenes fundamentales); Lee, *International Crimes and Universal Jurisdiction*, en May y Hoskins (ed.), *International Criminal Law and Philosophy* (Cambridge University Press, "cup", Cambridge, 2010), pp. 15-38, pp. 34 ss. (señalando que la parte relevante del DPI no es fundamentalmente acerca de entidades colectivas, como la humanidad comprendida como un todo o los Estados, sino del "daño a individuos que han sido asesinados, perseguidos, o cuya identidad de grupo ha sido negada mediante actos genocidas" [*"the harm done to individuals who are killed, persecuted, or denied their group identity in genocidal acts"*], p. 35); Gropengießer y Kreicker, "Grundlagen der Strafverfolgung völkerrechtlicher Verbrechen – Deutschland", en Eser y Kreicker, *Nationale Strafverfolgung völkerrechtlicher Verbrechen*, Vol. 1 (Duncker & Humblot, Berlin, 2003), pp. 21-452, pp. 115 ss., pp. 154 ss. ("solo" respecto a derechos individuales protegidos como crímenes en contra de la humanidad y crímenes de guerra); de manera similar Triffterer, 1ª Parte, en loc. cit., *Commentary on the Rome Statute of the International Criminal Court* (C. H. Beck, Munich, 2008), mn. 21.

[127]   Cf. Lüders, *Die Strafbarkeit von Völkermord nach dem Römischen Statut für den Internationalen Strafgerichtshof* (Berliner Wissenschafts-Verlag, Berlin, 2004), pp. 43 ss., 166; Melloh (supra nota 122), pp. 90-91; Bock (supra nota 124), p. 92. Para otra mirada Gropengießer y Kreicker (supra nota 126), pp. 96 ss. (solo grupo).

[128]   Véase Luban, "A Theory of Crimes against Humanity", *Yale Journal of International Law* 29 (2004), pp. 85-167, p. 86, p. 120, pp. 159-160; conc. Ambos, "Crimes against Humanity and the International Criminal Court", en Sadat (ed.), *Forging a Convention for*

importante, mientras que el propósito humanitario subyacente
de los *crímenes de guerra* implica la contención del conflicto y, por
tanto, contribuye a la paz internacional, estos delitos también deben garantizar la integridad de la dignidad humana, la vida y la
integridad física, incluso en tiempos de conflicto armado[129].

En cuanto al núcleo de los crímenes internacionales, en principio, no hay duda de que los valores, intereses o bienes jurídicos internacionales fundamentales están en juego y, por lo tanto,
son violados con el daño consiguiente si es que estos delitos se
cometen. Los bienes jurídicos respectivos no solo deben ser –desde una perspectiva moral– protegidos por la ley penal, sino que
existe una *obligación legal* de protegerlos. La otra cara del reconocimiento de un bien jurídico colectivo-individualista interna-
cionalizado es el reconocimiento de un principio de daño internacional (*"international harm principle"*) tal como fue formulado
por LARRY MAY[130]. En consecuencia, los procesamientos penales
internacionales son legítimos si los delitos en cuestión no solo se
dirigen contra individuos, sino que están "basados en grupos, ya
sea en términos de la naturaleza del daño causado a la víctima
o en el carácter del autor del daño"[131], es decir, si la humanidad
como tal se ve perjudicada[132].

Crimes Against Humanity [CUP, Cambridge, 2011], pp. 279-304, pp. 281-282 [en español:
"Crímenes de lesa humanidad y la Corte Penal Internacional", *Revista General de Derecho
Penal*, Iustel, España, N° 17, mayo de 2012, pp. 1-30); Bock (supra nota 124), p. 97, pp. 101-
102; véase también MELLOH (supra nota 122), pp. 91-92.

[129] MELLOH (supra nota 122), p. 92; BOCK (supra nota 124), pp. 115-116.

[130] Cf. MAY, *Crimes Against Humanity* (CUP, Cambridge, 2005), pp. 80-95. Este principio
de daño internacional opera como el segundo elemento de una doble justificación de las
persecuciones penales internacionales; sobre el *"security principle"* como primer elemento, véase loc. cit., pp. 63-79 (espec. pp. 68-71).

[131] MAY (supra nota 130), p. 89 (*"group-based either in terms of the nature of the victim's harm
or the character of the perpetrator of the harm"*).

[132] MAY (supra nota 130), p. 82 y passim.

Esto no significa, por supuesto, que los crímenes internacionales protejan solo o predominantemente a grupos, pero sí que siempre debe haber un elemento colectivo o grupal, en el sentido de que las víctimas individuales involucradas no sean atacadas exclusivamente sobre la base de su individualidad, sino también en cuanto miembros o representantes de ciertos grupos o entidades colectivas. En el caso del genocidio esto es evidente por sí mismo, porque el enfoque de grupo es, como se explicó anteriormente, inherente a la estructura del delito. En el caso de crímenes contra la humanidad es menos obvio porque el delito también pretende proteger a las personas en sus derechos individuales de dignidad, vida, libertad, etc. Sin embargo, el elemento de contexto (sistemático o generalizado) implica una dimensión colectiva del ataque dirigido contra un grupo de personas y, generalmente, por razones relacionadas con el grupo. En el caso de crímenes de guerra, el elemento de grupo consiste en la nacionalidad de las víctimas o su afiliación al adversario.

A pesar de la clara orientación moderna del DPI en crímenes sistemáticos o atroces a gran escala, derivados de un análisis riguroso y, en mi opinión, consecuente tanto con el *ius puniendi* como con la función global del DPI, no se debe perder de vista el hecho de que a veces va más allá de tal enfoque minimalista. Este es particularmente el caso cuando los modos de responsabilidad y/o crímenes del DPI cubren conductas anticipadas, es decir, se extienden al riesgo de daño. Un ejemplo reciente es la penalización del delito de agresión, que abarca la "planificación, preparación e iniciación" (art. 8 *bis* [1] del Estatuto de la CPI)[133]. Si se sigue el enfoque aquí sostenido, las normas respectivas carecen de legitimidad y no debiesen formar parte del DPI *stricto*

---

[133] Para un análisis crítico, véase AMBOS, "The crime of aggression after Kampala", *German Yb Int.L.* 53 (2010), pp. 463-509 (493-97); en español AMBOS, El crimen de agresión después de Kampala (Dykinson, Madrid, 2011).

sensu, con su consiguiente alcance supranacional y universal. Sin duda los crímenes internacionales fundamentales, incluyendo la agresión con su dimensión colectiva respecto de la paz internacional, preocupan a la comunidad internacional como tal y por lo tanto pueden ser perseguidos, en principio, sobre la base de la jurisdicción universal sin ningún tipo de vínculo territorial o nacional tradicional[134]. Sin embargo, el concepto de crimen fundamental debe entenderse en sentido estricto, también en lo que atañe a los respectivos modos de responsabilidad. Por lo tanto, una ampliación del *actus reus*, como vemos en la criminalización de conductas preparatorias, podría eliminar la razón misma de la jurisdicción universal para el delito respectivo.

IV. Conclusión

Como se ha demostrado en una investigación anterior[135], el DPI en sentido estricto sirve a la convivencia pacífica de las personas, dentro de un Estado y más allá de las fronteras estatales, en caso de graves violaciones a los derechos humanos y amenazas masivas a la paz y la seguridad de la humanidad. Esta combinación de objetivos individualistas-colectivos, en particular la necesidad de proteger a los ciudadanos de violaciones de los derechos fundamentales, cometidos por o con la tolerancia de (sus) *Unrechtsstaaten* ("Estados injustos") –esto es, en última instancia, la protección de la dignidad humana– justifica un *ius puniendi* supranacional. Al mismo tiempo, esta combinación individualista-colectiva capta la función global del DPI examinada en este trabajo: la protección de los bienes jurídicos fundamentales, in-

---

[134] Para los fundamentos de una teoría tan pura y absoluta de jurisdicción, véase Ambos, "Prosecuting Guantánamo in Europe: Can and Shall the Masterminds of the 'Torture Memos' Be Held Criminally Responsible on the Basis of Universal Jurisdiction?", *Case W. Res. J. Int'l L.* 42 (2009), pp. 405-48, 443-444, con sus respectivas referencias.

[135] Supra nota 1.

dividuales y colectivos, y la prevención de un daño real a estos bienes jurídicos.

En cuanto a los propósitos de la ley penal *stricto sensu*, se puede concluir, a modo de corolario de los resultados del presente estudio y con base en una investigación anterior[136], lo siguiente: mientras las legislaciones penales nacionales intentan tener un impacto equivalente en los individuos y en la sociedad en general, el DPI más bien sirve –considerando las características especiales de sus delincuentes y de los delitos– al propósito de crear una *conciencia jurídica universal*[137], en el sentido de la prevención positiva general e integración, llamando a la reconciliación[138], o en el sentido del concepto del *"expressivism"* con miras a la función comunicativa de la pena[139]. Al mismo tiempo uno tiende a

---

[136] Supra nota 2.

[137] CRÍTICO PASTOR (supra nota 4), pp. 70 ss., pp. 94 ss., pp. 115 ss., quien considera que este propósito es una expresión de una "cierta arrogancia ética" ("cierta soberbia ética", en p. 70) y una simple "hipocresía obscena" ("obscena hipocresía", pp. 94-95).

[138] Véase también BAGARIC y MORSS (supra nota 123), pp. 242 ss.; HAVEMAN (supra nota 123), p. 154; AYAT, "Justice pénale internationale pour la paix et la réconciliation", ICLR 7 (2007), pp. 391-424 (394 ss.); HENHAM, "International Sentencing in the Context of Collective Violence", ICLR 7 (2007), pp. 449-468, pp. 449 ss.; CRYER (supra nota 122), pp. 24 ss. (28); MURPHY, "Political Reconciliation and International Criminal Trials", en MAY y HOSKINS (eds.), *International Criminal Law and Philosophy* (CUP, Cambridge, 2010), pp. 224-244 (236 ss.).

[139] Para DRUMBL, "Atrocity, Punishment, and International Law" (CUP, Cambridge, 2007), pp. 173 ss., el fin de la pena en el "expresivismo" (respecto del cual él mismo es crítico) consiste en fortalecer la confianza del público general en la vigencia del derecho, además de hacer posible la difusión de una narrativa histórica con fines educativos. Véase también SLOANE, "The Expressive Capacity of International Punishment: The Limits of the National Law Analogy and the Potential of ICL", *Stanford Journ. of Int. Law* 43 (2007), 39-94 (44), donde acentúa las "dimensiones expresivas" de la pena internacional, que puede contribuir más efectivamente al orden público internacional como autoconciencia expresiva de las instituciones penales ("*most effectively to world public order as self-consciously expressive penal institutions*") y fomentar la internalización legal y normativa de los derechos humanos y el derecho humanitario ("*legal and normative internalization of international human rights and humanitarian law*"). FISHER (supra nota 120), pp. 51, 56-63, 65, llama a una justificación mixta retributiva-expresiva ("*retributive-expressive justification*"), en la cual ve la función comunicativa como el fin principal de la pena y la retribución (o

mantener la esperanza de un efecto de prevención general negativa de la pena internacional, es decir, la disuasión general (a pesar de la falta de apoyo empírico a esa esperanza). En cualquier caso, no obstante la evidente importancia de una teorización adicional en el DPI[140], no se debe perder de vista el hecho de que el DPI ha pasado de ser una "ley en los libros" a un "derecho en acción", y esto tiene consecuencias en su lucha por la legitimación: esta se apoya más que nunca en su aplicación justa y eficaz[141].

---

incluso la intimidación) como *"secondary or supportive of this goal"* (p. 58); el mensaje estaría dirigido tanto a la sociedad afectada como a la comunidad internacional (p. 65). Para Stahn, "Between 'Faith' and 'Facts': By what Standards should we Assess International Criminal Justice", Leiden Journal of Int. Law 25 (2012), 251-282 (279 s.), el expresivismo contribuye a una *"broader vision of the function of proceedings"* y descansa sobre el *"power of transparency and persuasion of international criminal courts to denounce the wrong and reinforce society's norms"*.

[140] Crítica a una mirada meramente pragmática respecto a la legitimidad, Zahar y Sluiter, International Criminal Law (OUP, Oxford, 2008), pp. 198-199.

[141] En la misma línea Jesse, Der Verbrechensbegriff des Römischen Statuts (Duncker & Humblot, Berlin, 2009), pp. 70-71 ("Legitimität durch optimale Anwendung"); Luban, "Fairness to Rightness – Jurisdiction, Legality, and the Legitimacy of International Criminal Law", en Besson y Tasioulas (eds.), The Philosophy of International Law (OUP, Oxford, 2010), pp. 569-588 (579-581); Duff, "Authority and Responsibility in International Criminal Law", en loc. cit., pp. 589-604 (590-594, 602-604: demandando justicia también para la *hostis humani generis*); Damaška, "What is the Point of International Criminal Justice?", Chicago-Kent Law Review 83 (2008), pp. 329-365 (343 ss.: centrándose en la función preventivo general y educativa, enfatizando la cuestión de la legitimidad); Köhler, "Zum Begriff des Völkerstrafrechts", Jahrbuch für Recht und Ethik 11 (2003), pp. 435-467 (435).

www.ingramcontent.com/pod-product-compliance
Lightning Source LLC
Chambersburg PA
CBHW031217270326
41931CB00006B/593